붓다의 경제 코칭

— 중도로 본 불교경제학 —

이 책은 프라유드 파유토(P. A. Payutto) 스님의
Buddhist Economics: A Middle Way for the Market Place
(Buddhadhamma Foundation, 1994)의 완역본입니다.

Buddhist
Economics
A Middle Way for the Market Place

붓다의
경제
코칭

중도로 본 불교경제학

- 프라유드 파유토 지음
- 김광수 · 추인호 옮김

민족사

추천사

민족사에서 태국 파유토 스님이 저술한 불교경제학을 우리말로 번역·출간하게 되었다. 우리나라에서 불교경제학 관련 서적의 출판이 흔치 않은 일이어서 매우 뜻깊게 생각한다. 이 책은 1988년에 태국에서 출간된 것인데, 그 영역판이 1992년 초판에 이어 1994년에 다시 출판되었다. 이 책은 불교경제학 관련 연구논문이나 저술에서 적지 않게 인용되고 있으며, 이미 이 분야의 고전으로 자리매김하고 있다.

불교경제학이란 무엇인가? 불교경제학은 개인의 경제생활을 어떻게 부처님의 가르침에 따라서 할 것인가, 더 나아가 불교의 가르침이 오늘날 지구촌의 화두가 된 경제 문제, 계층 문제, 그리고 환경 생태 문제에 대해서 어떤 해답을 줄 수 있는가를 다루는 분야이다.

이 분야에 대한 본격적인 탐구는 "작은 것이 아름답다"로

붓다의 경제 코칭 ——
중도로 본 불교경제학

유명한 영국의 경제학자 에른스트 슈마허로부터 시작되었다. 그는 그의 책에서 '불교경제학'을 제창하면서 "작은 것이 아름답다"로 상징되는 불교경제학이야말로 오늘날 자본주의의 해독과 지구 차원의 환경 생태 문제를 해결하는 열쇠임을 역설한다. 동시에 개인적 생활에 있어서도 개인이 금전에 얽매이지 않고 물질의 노예가 되지 않는 슬기로움이 필요함을 강조한다. 이러한 소욕지족의 생활이야말로 올바른 생활을 영위하고 동시에 부를 정당하게 사용함으로써 평등 분배에 이바지하는 지혜라고 할 수 있다.

태국은 일찍이 우리나라와 마찬가지로 무분별한 서구적 팽창주의와 향락주의에 빠져 많은 사회문제가 발생하였다. 무분별한 성장제일주의로 국토는 파괴되고, 국민은 소비시장의 노예가 되어 왔다. 또한 외국의 기업들은 이러한 틈새를 파고들어 온갖 선전 광고를 통해, 심지어는 대학교육과 학문을 통해 국민의 물질적 욕망을 부추겨 왔다. 이러한 현상은 우리나라에서도 거의 동일하다.

파유토 스님은 남방불교의 전통을 가진 태국에서 가장 높고 존경받는 지위에까지 올랐다. 스님은 현대인의 고뇌가 대부분 물질적 욕망에 의한 것임을 깊이 통찰하고 그에 대한 불교적 해법을 제시하였다. 이 책의 내용은 오늘날의 물질주의적인 현실에 대한 불교적 깊은 사유에 기반한 것이며, 여타의 책에서 가져온 것이 아니다. 현대 사회의 심각한 경제 문제에 대한 파유토 스님의 불교적 지혜는 우리 모두가 소중히 지켜야 할 뿐만 아니라 더욱 창조적으로 발전시켜 가야 할 것이다.

이 책은 원래 스님의 기고문이나 연설문 등을 모은 것으로 전문적인 학술서적이 아니다. 대중을 위한 교양서적이라고 할 수도 있다. 하지만 이 책은 종종 대학 강의 교재로 사용되어 왔으며 사실 강의 교재로도 손색이 없다. 파유토 스님의 이 책이 지구촌의 경제위기를 풀어갈 실마리가 되고, 지속가능한 발전과 행복경제를 향한 나침반이 될 것으로 믿어 의심치 않는다.

2019년 9월 3일
동국대 불교학부 명예교수
• 박경준 합장

머리말

경제학이 지금까지 도덕적 가치나 윤리에 대한 문제를 회피해 왔다는 사실은 잘 알려져 있다. 그러나 도덕적 가치는 절대적인 가치를 지닌다. 또한 오늘날 세계적으로 제기되는 문제들을 해결하자면 구체적이고 추상적인 모든 문제들을 다루어야하며, 그 과정에서 도덕적 가치라는 주제를 피해갈 수는 없는일이다.

만일 경제학 연구가 우리 사회 문제의 해결에 어느 부분이든 역할을 하고자 한다면 더 이상 윤리 문제를 회피할 수는없다. 또한 오늘날 환경 문제는 경제적 행위에서나 경제 문제의 해결에 있어서도 고려되어야 하며, 환경 보존의 문제를 풀어나가는 데도 윤리의 필요성은 점점 더 분명해져 가고 있다.

실제로, 경제학이란 추상성과 구체성을 가장 분명히 통합시키는 학문이다. 그것은 추상적 가치가 가장 직접적으로 물질

세계와 상호작용하는 영역이다. 만일 경제학자가 이제부터라도 도덕적 가치에 관심을 갖는다면 세상에 좋은 영향을 주는 근본적으로 훌륭한 일을 할 수 있으며, 또한 휴머니즘의 측면에서 세계적인 문제(world affair)의 해결책을 제공할 수도 있을 것이다.

이상적으로 말하자면, 경제학은 사회에서 단지 이기적인 만족만을 채워주는 수단 역할이나 생태계와 전 지구적 구조에서 불균형과 불안전을 만들어 낼 것이 아니라, 오히려 경제학은 인간이 개인적·사회적으로 진정으로 성장할 수 있는 기회를 제공하는 역할을 해야만 한다.

이 책은 먼저 태국어로 1988년 8월에 출판되었는데, 담마위자야(Dhammavijaya) 스님이 영역해 주셨다. 스님께 감사드린다. 이 영역본은 1992년에 나왔는데, 이것을 근거로 하여 다시 제2판이 나오게 되었다. 또 자료가 되는 불전들을 영어로 번역해 주신 Bruce Evans 씨와 Jourdan Arenson 씨에게도 감사드린다. 그리고 이 책을 초판부터 출판해 주신 Buddhadhamma 재단과 Khun Yongyuth Thanapura에도 감사의 말씀을 올린다.

1994. 7.

• 프라유드 파유토

붓다의 경제 코칭 ──
중도로 본 불교경제학

영역자 머리말

　오늘날 불교도들의 명상기법은 서양에 잘 알려져 있고, 인간 조건에 대한 불교의 통찰력은 서양에서 그 영향력을 더해 가고 있습니다. 그러나 불행히도 불교의 대중적인 이미지는 지나치게 엄격하거나 혹은 개인적이고 은둔자적인 행복을 목적으로 하여 세상사에 대한 부정이나 도피로 잘못 인식되고 있습니다.

　그러나 부처님의 말씀을 직접 찾아보면 우리는 그곳에서 인간 생활의 모든 면을 좌우하는 풍부한 가르침을 발견할 수 있습니다. 또한 복잡한 세상에서 어떻게 하면 지혜로우면서도 조화롭고 평화롭게 살 수 있는지에 관한 실질적인 가르침을 대단히 많이 얻을 수 있습니다. 아마도 그러한 가르침이 꼭 필요한 때는 바로 지금인 듯합니다.

　이 작은 책에서 파유토 스님은 경제를 주제로 불교적 관점을 말씀하고 계십니다. 스님은 불교경제학 이론을 포괄적으로 제기하지 않으면서도 경제 문제를 보는 방법과 문제를 근본적으로 살펴보고 해결할 수 있는 여러 가지 방법을 일깨워 주고 계십니다. 저는 스님의 이러한 말씀을 영어로 옮기는 일이 현재의 어려운 경제적 난국을 해결하는 일이라 생각합니다. 아울러 부처님께서 발견하시고 늘 우리와 함께 하는 무한한 진리가 오늘날 사회 문제에 널리 적용될 수 있도록 하는 데에 작은 도움이라도 되기를 기대합니다.

1992. 5.

• 담마위자야(Dhammavijaya)

붓다의 경제 코칭 ──
중도로 본 불교경제학

차례

차례

제3장 경제 개념에 대한 불교적 시각

제4장 부의 획득과 사용

제5장 경전에서 얻는 경제적 교훈

서론

경제에 대한 정신적 접근법이
세상을 바꾼다

- 부르스 에반스(Bruce Evance)
- 쥬르당 아렝송(Jourdan Arenson)

도서관에는 이상사회(ideal society)를 다룬 논리적인 책들이 많이 있다. 2천 년 전에 플라톤도 『공화국(The Republic)』이라는 정치에 관해 최초의 책을 쓰고 이상사회에 대해 연구하기 시작했고, 그 후로 이러한 연구는 지금까지 계속되고 있다. 플라톤은 초기의 사회는 행복과 안락(well-being)을 보장하는 합리적 결정으로부터 성장해 왔다고 전제했다. 하지만 역사 과정을 보면 문명의 발달에 있어서 인간의 합리적 사고가 진정으로 지도적 힘이 되어 왔다고 말할 수 있는 것일까?

초기의 인간사회를 생각해 보자. 즉, 석기시대에 인간들은

붓다의 경제 코칭 ——
중도로 본 불교경제학

동굴로 몰려다녔고, 다른 동굴에 사는 인간들을 믿을 수 없었다. 그들은 춥고 배고팠다. 그리고 그들 주위에는 어둠과 위험이 늘 도사리고 있었다. 그러다가 갑자기 한 사람의 머릿속에 좋은 아이디어가 떠올랐다. "그래! 사회를 조직하여 거래를 하고, 병원을 짓고, 서로 안락하게 살아가자!"

그러나 이러한 각본은 사실이 아니다. 초기 인간들, 그리고 최초의 사회는 아마도 어떤 합리적 계획보다도 오히려 더욱 긴밀하게 정서적 유대와 따뜻함과 안전함으로 묶여 있었을 것이다. 그리고 수천 년에 걸쳐서 우리 사회는 '정서적 필요'라는 방향에 따라 더욱 큰 규모로 진화하였다. 그리고 그 과정에서 합리적 사고는 일정 부분 역할을 해 왔다.

그러나 이른바 발달된 사회라는 지금의 모습을 선입견 없이 바라본다면 오늘날 안전(security)에 대한 필요성은 동굴 시절보다 크게 나아지지 않았다는 사실을 인정해야만 할 것이다. 우리 사회가 예전보다 한층 복잡다단해졌지만, 그러나 그것을 끌고 가는 힘은 여전히 이성이 아니고 감성이다.

이제 경제 문제를 정직하게 논의한다면, 우리는 공포와 갈망, 그리고 불합리성 따위의 정서적 요소들이 시장에서 매우 강력한 힘을 가지고 있다는 사실을 인정해야 할 것이다. 경제적 결정, 즉 생산·소비·분배에 대한 결정은 사람들이 생존하고 번영하고자 하는 몸부림에서부터 만들어진다. 그리고 대

서론

부분의 경우, 이 결정은 합리성보다는 자기보존이라는 정서적 충동에 의해서 이루어진다.

사악함이 공포와 불합리 속에 원천적으로 내재되어 있다는 뜻은 아니다. 그것들은 오히려 인간에게는 자연스러운 조건들이다. 그러나 불행히도 바로 이 공포와 갈망이 우리들을 가장 나쁜 경제적 과잉으로 몰아넣는다. 최근 수십 년 동안 탐욕과 착취와 과소비의 힘은 우리 경제를 압도하는 것처럼 보였다. 이 물질 사회는 우리에게 거의 선택의 기회를 주지 않고, 약육강식의 상태에서 생존을 위한 경쟁만을 강요하고 있다. 분명히 이러한 힘들이 우리 사회를 망가뜨리고 우리 환경을 황폐화시키고 있다.

경제학은 이러한 문제에 있어서 합리적인 접근방식을 취한다. 경제학자라는 사람들은 이 공포·탐욕·증오 위에 기반을 둔 사회 모형을 잘 고안해 내었다. 그러나 흔치는 않지만, 다른 경제학자들은 또한 인간의 행동을 이끄는 '안전에 대한 공포와 정서적 필요'라는 문제를 고민하기도 한다. 그러나 그들의 이론적 모형은 거대한 비합리적인 문제에 대한 합리적 해결의 형태로만 남게 되고, 그들의 경제학적 이상은 책 속에서만 존재하게 될 뿐이다.

그렇지만 합리적 접근만으로는 위험한 점이 있다. 최악의 경우, 그것은 생존의 문제에 대한 우리의 가장 비천하고 공포에

붓다의 경제 코칭 ──
중도로 본 불교경제학

쫓기는 반응을 초래할 수도 있다. 전쟁 전술가들, 정책 자문가들, 국방 분석가들에게서 이러한 경향이 보인다. 이들은 무기 생산이 가장 이로운 일이라고 주장하면서 그것을 국민들에게 확신시키려고 한다. 이처럼 합리주의가 불합리에 눈을 감아 버릴 때, 숨겨진 불합리한 충동이 우리의 이성을 더욱 흐리게 한다.

이 점에서 이 책은 좀 다른 접근법, 즉 수리적 접근법이 아니라 정신적 접근법을 취한다. 그래서 다른 경제학 책처럼 복잡한 기술적 이야기를 다루지 않는다. 반면에 이 책은 우리의 경제적 행위를 움직이는 기본적인 두려움, 갈망과 정서 등을 다룬다. 불교는 인류의 수많은 정신적인 유산 중에서 이러한 작업을 하기에 가장 알맞다. 붓다의 가르침은 욕망의 심리학과 경제적 행위를 이끈 동기에 대해 깊은 통찰력을 제공해 주기 때문이다. 그리고 이 통찰력은 우리를 스스로 깨어나게 하고, 생산과 소비에서 무엇이 진정으로 해롭고 유익한 것인지를 알려준다. 그리고 이 각성은 다시 성숙한 윤리의 기초가 되는 것이다.

진정으로 합리적인 결정은 우리를 불합리하게 만드는 힘에 대한 통찰력(insight)에 기초해야만 한다. 우리가 욕망의 본질을 이해하게 되면, 그 욕망이란 이 세상의 모든 재산을 가지고도 성취될 수 없는 것임을 알게 된다. 그리고 우리가 존재 일반에 내재한 공포성(universality of fear)을 이해하게 되면 모든 존재와 유정물(有情物)에 대한 자비심을 깨닫게 된다. 경제에 대한 정신적 접근이란 경제모형이나 경제이론이 아니다. 그것은 오히려 진정으로 우리 세계에 유익함을 주는 생명력, 즉 지혜와 자비와 절제이다.

다시 말해서 이러한 '경제에 대한 정신적 접근법'이 살아나야 한다. 경제학을 버리고 불교를 잡으라는 말이 아니다. 왜냐하면 이 둘은 서로 상호보완적이기 때문이다. 실제로 불교경제학을 실천하기 위해서 먼저 독실한 불교 신도가 되어야 하거나 혹은 경제학자가 되어야 하는 것은 아니다. 이 책의 독자들은 그저 이성을 따라서 중요한 의미를 파악하고, 사물의 본모습에 따라 균형 있게 살아가려고 하기만 하면 된다.

제1장

경제와 윤리

1

인과(因果)의 그물망 속에서
이루어지는 경제

불교경제학의 논의에서 제기되는 첫 번째 문제는 그러한 것이 실제로 있는가, 아니면 혹시라도 가능하기는 한 것인가이다. 대부분의 사람들에게 남방불교는 스님들이 조용히 걸으며 탁발하러 다니는 이미지로 경제적 행위와는 무관한 듯이 보인다. 그보다 돈이라는 이미지는 고층빌딩이나 쇼핑센터, 혹은 주식시장 따위에 더 맞는 일이긴 하다.

오늘날 우리에게 익숙한 경제학(經濟學)이라는 용어는 서구적인 것이다. 우리는 경제에 관해서 이야기하기 위해서 서구(西歐)의 용어를 사용하고 서구경제학 이론의 틀 속에서 생각한다. 그래서 불교경제학을 이야기할 때도 이러한 한계를 극복하기가 쉽지 않다. 실제로 우리는 불교를 논의하면서도 서구경제학의 개념과 언어 속에서 논의한다. 이 책에서도 그러한 점은 극복되기 쉽지 않겠지만, 그렇더라도 우리는 최소한 경제학에서 유용하게 사용될 수 있는 몇 가지 불교적 통찰력을 제공할 수 있기를 희망한다.

경제적 사고는 플라톤과 아리스토텔레스 시절부터 있어 왔지만, 경제학에 대한 전문적 연구는 산업사회 시대부터 시작되었다. 이러한 전문화 시대에 경제학은 다른 분야처럼 전문적이고 세련된 원리를 가지게 되었다. 그것은 독립적이고, 까다로운 지식체계이며, 다른 원칙이나 인간 활동과는 거의 관계가 없는 것이었다.

학문은 인간이 직면하는 복잡하고 상호연관적인 문제들에 대한 해결책을 제공해야만 한다. 그러나 오늘날의 경제학은 다른 원리에 의해서, 혹은 인간 활동의 더 큰 영역에 의해서 단절되어 있기 때문에 오늘날 우리가 가지고 있는 윤리적·사회적·환경적 문제들을 거의 해결해 주지 못하고 있다. 그리고 오늘날 시장 지향적 사회에서 사람들은 자연히 편협하고 옹졸한 경제적 문제에 지배받게 되고, 그것이 실제로 우리를 압박하는 사회적·환경적 문제점들의 가장 큰 원인이 되고 있다.

경제학은 다른 과학 분야들처럼 객관성을 유지하려고 노력한다. 그러나 그 과정에서 윤리·도덕과 같은 매우 중요한 주관적 가치는 배제된다. 경제학자는 주관적·도덕적 가치에 대한 고려 없이, 예를 들어 위스키와 중국 음식에 동일한 경제적 가치를 부여한다. 혹은 나이트클럽에서 술을 마시는 일이 훌륭한 법문을 듣거나 자원봉사 활동을 하는 것보다 경제에 더욱 기여한다고 말한다. 이것이 경제학에 관한 불편한 진실이다.

이렇게 경제학의 객관성은 시야에 한계가 있다. 경제학자들은 사물의 인과 관계에서 단지 짧은 과정만을 찾으며 폭넓은 여러 경우를 무시하면서 자기들이 관심 있는 부분만을 뽑아낸다. 그래서 현대 경제학자들은 경제행위의 도덕적 결과를 고려하지 않는다. 나이트클럽에 자주 가는 해로움과 법문을 자주 들어서 생기는 지혜 사이의 차이 따위는 그들의 관심사가 아니다.

경제학을 하나의 과학이라고 보는 것이 실제로 바람직한 일일까? 과학이 비록 인간의 생명을 구해준다고는 하지만, 그러나 과학은 많은 한계를 가지고 있다. 과학은 진리의 단지 한 측면, 즉 물질적 측면만을 보여준다. 사물의 물질적 측면만을 생각함으로써 그 결과 경제과학은 '사실 그 자체'라는 전체적인 진리에서는 벗어나게 되는 것이다.

세상의 모든 것들은 서로 관계하고 관련을 맺고 있다. 또한 인간의 문제도 역시 서로 관계하고 관련을 맺고 있다. 그러므

제1장
경제와 윤리

로 한쪽 측면만 보여주는 과학적 해답은 실패할 수밖에 없고, 문제는 점점 커지게 된다.

이러한 문제 해결을 위해 사람들은 산업화되고 전문화된 접근법을 취하지만, 결과적으로 이제는 환경 파괴가 가장 분명하고 위험스러운 상황이 되었다. 환경 문제는 매우 급박해서 사람들은 이제 전체적인 전망을 무시한 채 개별적이고 분리된 원칙만을 주장하는 것이 얼마나 어리석은 일인지를 잘 알게 되었다. 아울러 인간의 행위를 보다 큰 척도로 보기 시작했고, 인간 생활과 사회와 환경에 대한 결과를 살펴보기 시작했다.

불교적 전망으로 본다면 경제학은 다른 과학 분야와 분리될 수 없다. 경제학은 오히려 인간성의 문제를 치료하기 위한 종합적인 노력의 한 부분이 되어야 할 것이다. 그리고 불교에 기초한 경제학, 즉 불교경제학은 어느 분야에 한정된 과학이 아니고 사회적·개인적·환경적 안락을 향한 공통의 목표를 향해 종합적으로 활동하는 상호 조직적 원리가 되어야 할 것이다.

경제학과 관련된 부처님의 가르침(물론 불교경제학이라는 이름에 걸맞는)에 부합되는 첫 번째 저작은 슈마허(Schmacher)의 『작은 것이 아름답다(Small is Beautiful)』이다. 이 불교경제학에 관한 글에서 슈마허는 8정도(八正道)라는 부처님의 가르침을 그의 가치 근거로 삼는다. 그는 8정도 중에서 정명(正命), 다른 말

붓다의 경제 코칭 ──
중도로 본 불교경제학

로 '바른 살림살이'가 불교경제학의 필요성이라고 확인한다. 슈마허는 여기에서부터 그의 논의를 출발시킨다.

되돌아보면 『작은 것이 아름답다』나 서구학자들에 의해 쓰여진 불교경제학에 대한 관심은 오늘날 경제적 위기에 대응해서 생겨난 것이다. 서구적 학문 풍토와 개념적 구조는 많은 사람이 느끼기에 막바지에 다다른 것처럼 느껴진다. 혹은 그것은 적어도 사고와 방법론에 있어서 어떤 새로운 패러다임을 요구하는 상태에 와 있다. 이것이 많은 경제학자들로 하여금 그들의 고립되고 전문화된 연구방식을 반성하게 했다. 이 대량소비의 심각한 환경적 재앙은 경제학자들로 하여금 생태적인 자각을 불러일으켰다. 어떤 학자들은 대학의 모든 경제학과 신입생들에게 생태학 원론을 가르쳐야 한다고 주장하기도 한다.

슈마허가 8정도의 중요한 요소로 정명(正命)이 들어 있다고 강조한 데는 몇 가지 함의(含意)를 가지고 있다. 첫째로 우선 불교에서 정명이 매우 중요하다는 것을 뜻한다. 그리고 둘째로 불교와 달리 서구 경제학이란 올바른 생활방식을 구성하는 여러 가지 요소 중 고작 한 가지일 뿐임을 뜻한다.

전문화란 우리가 우리 목표를 잃지 않는다는 한에서 도움이 될 수 있다. 그래서 전문화된 연구인 경제학은 우리에게 경제행위 내에서의 인과 관계의 지식을 분석해 줄 수는 있다. 그러나 어떤 원리나 분야가 그 자체로써 모든 문제를 해결해 준

제1장
경제와 윤리

다고 주장한다면 그것은 오류이다. 경제학도 다른 원리와 함께 인간 고통에 대한 종합적인 대응책이 되어야 한다. 그리고 그러한 원리의 종합과 한계에 대해 충분히 이해해야만 그러한 종합적인 노력의 결과를 얻을 수 있다.

불행히도 경제학은 현실을 설명하는 데 있어서 인과 관계의 커다란 전체적 흐름을 설명함에 있어서 손쓸 수 없을 만큼 커져버렸다. 경제학은 (모든 다른 사회과학처럼) 결국 인간이 만든 인위적인 것이다. 예를 들어 사람이 땅을 파면 구멍이 생긴다. 이것은 자연의 원리에 기초한 확실한 인과 관계이다. 그러나 돈을 받고 땅을 파는 일은 사회적인 약속에 따른 관습적인 행동이다. 그러므로 이 관습적인 약속이 없다면 땅을 파더라도 돈이 나오지는 않는다.

경제학자들이 하나의 독립된 인과 관계 과정을 구조화하더라도, 우주는 그 자체로 우리가 생각할 수 없는 거대한 인과 관계를 가지고 있다. 경제학자들이 그와 관련된 경제적 사건의 과정에만 초점을 맞추더라도 그들은 '자연'이 모든 방향으로 그 결과를 만들어 낸다는 사실을 생각하지 못한다. 자연에 있어서의 행동과 결과는 물리학에서 말하는 '폐쇄장(closed field)'처럼 막혀 있는 것이 아니다. 하나의 행동이 여러 결과를 초래하고 그것은 다시 더 많은 결과들을 만들어 낸다. 그리고 각 결과들은 또 다른 수많은 결과들의 원인이 된다. 이런 식으

붓다의 경제 코칭 ——
중도로 본 불교경제학

로 작용과 반작용은 서로 얽혀서 이른바 우리가 현실(現實)이
라고 이름하는 인과(因果)의 그물망을 형성한다. 그러므로 현
실을 이해하기 위해서 우리는 이러한 과정을 이해해야 할 필
요가 있다.

제1장
경제와 윤리

2

윤리적 가치와
현실은 서로 연관되어 있다

많은 사람들에게 있어서 불교경제학의 이미지는 "모든 경제적 행위(생산, 소비, 상거래)가 엄격한 윤리적 기준에 의해서 이루어지는 이상형"이라는 느낌이 들 것이다. 그러나 그러한 이상적인 이미지가 불교의 깊은 가르침을 전해 주는 것은 아니다. 불교의 가르침은 담마(dhamma, 산스크리트어로는 다르마, dharma), 즉 진리에 있다. 불교에서 담마라는 말은 두 가지 층위로 사용되는데, 상대적인 진리와 궁극적인 진리로 나뉜다.

윤리적 행위와 관련된 진리는 개인의 일상생활에서든, 사회에서든, 짜리야담마(cariya-dhamma)로 불린다. 이것은 선

붓다의 경제 코칭 ——
중도로 본 불교경제학

과 악에 관한 문제들이다. 더 큰 의미에서의 진리는 삿짜 담마(sacca-dhamma,=truth: 진실), 혹은 사바와 담마(sabhava-dhamma=reality: 현실)로 불린다. 여기에는 그 자체의 사실[體]과 그것이 작용하는 원리[用]가 포함된다. 이런 의미에서 담마는 전체적인 인과 관계의 흐름, 즉 모든 사물과 사건이 존재하고 기능하는 과정을 묘사하는 말로 쓰인다.

담마(法, 진리)　　　1) 짜리야 담마=선악에 관한 문제들
　　　　　　　　　　　2) 삿짜 담마=진실, truth
　　　　　　　　　　　　 사바와 담마=현실, reality

　개별적인 윤리적 고려를 뜻하는 짜리야 담마의 좁은 범위와는 달리, 삿짜 담마는 현실 그 자체의 모습을 나타낸다. 그리고 그것은 선과 악의 너머에 있다. 이러한 모든 것을 포함하는 의미에서 담마는 자연조건의 전체성을 나타낸다. 그리고 과학의 다양한 부분이 그것을 묘사하고 있다.

　그래서 부처님의 가르침은 인생에 있어서 단순히 윤리적 가이드만이 아니라, 현실의 본성에 대한 커다란 통찰력을 가르쳐 준다. 담마의 뜻에 두 가지가 있다고 하더라도 담마로부터

제1장
경제와 윤리

고무 받은 사람들은 인과의 커다란 세계에 눈을 뜨고, 현실에 기반을 둔 윤리적 교훈에 따라 살아간다. 달리 말해서 불교 경제학자는 경제 행위의 윤리적 가치를 고려할 뿐만 아니라, 경제 행위가 현실에서 올바르게 실현될 수 있도록 조화시키기 위해 노력한다.

경제는 담마와 분리될 수 없다. 왜냐하면 경제와 연결되는 모든 행위는 담마에서 나오기 때문이다. 경제는 거대하게 상호 연결된 전체의 한 부분이며, 사물에 작용되는 동일한 자연 규칙의 지배를 받게 마련이다. 그리고 담마는 경제를 포함하는 이 모든 것의 기본 원리와 작용을 규정한다. 만일 경제가 담마를 무시한다면—즉, 현실을 구성하는 역동적이고 복합적인 인과법칙을 무시한다면— 문제는 점점 꼬여갈 것이다. 그런데 바로 이것이 오늘날 현대 경제가 직면하고 있는 문제이다.

경제학자라는 사람들은 어떤 전체적이고 포괄적인 견해도 가지지 못하고 전문화된 좁은 견해에만 사로잡혀서, 하나의 고립된 부분만을 뽑아낼 뿐 그 문제 너머에 있는 결과는 생각하지 못한다. 예를 들어, 위스키 같은 상품의 수요가 있다고 하자. 이 수요는 생산에 의해서 공급된다. 즉 생산자는 곡물을 재배하고 양조를 하여 주류를 생산한다. 그리고 위스키는 시장에 출하되고 판매·소비된다. 그것이 소비됨으로 해서 수요는 충족된다. 그러나 그 수요가 충족된 연후에 어떤 일이 벌어

붓다의 경제 코칭 ——
중도로 본 불교경제학

질지에 대해서는 별로 관심이 없다.

이와는 대조적으로, 담마로 훈련된 학자는 경제적 행위가 '인과 관계의 전체적 과정'에 어떻게 영향을 미치는지에 대하여 관심을 갖는다. 현대경제학이 특별한 분야로만 관심을 제한하는 데 반하여, 불교경제학은 주어진 경제적 행위가 어떻게 상호 연관된 세계에(즉, 개인, 사회, 자연, 그리고 환경 사이에) 영향을 미치는지를 폭넓게 탐구한다. 위스키와 같은 일상용품의 경우 어떻게 주류가 생태에 영향을 미치는지 그리고 그 소비가 어떻게 개인과 사회에 영향을 미치는지에 관하여 생각해 보아야 한다.

이것은 윤리적 문제인데 이러한 생각은 우리를 담마의 더 자세한 의미, 즉 선악의 문제에 대하여 생각케 한다. 경전에는 좋은 행동이 좋은 결과를 낳고 나쁜 행동이 나쁜 결과를 낳는다고 기록되어 있다. 윤리적 행위에 관한 모든 부처님의 가르침은 이 원리에 기초한다. 여기서 불교는 기독교와는 달리 선과 악을 처벌하는 어떤 상주하는 존재를 제시하지 않는다는 데 주목할 필요가 있다. 그보다는 선행과 악행은 사건의 자연스러운 흐름에 따르는 원인과 결과로 이어질 뿐이다. 이런 점에서 두 가지 담마, 즉 윤리적 교훈의 관점에서의 담마와 자연적 현실(실재)의 관점에서의 담마는 서로 관련이 있다. 그것은 불교의 윤리적 가르침이 자연적 실재에 기초해 있기 때문이다. 윤리 법칙은 인과율의 자연적 법칙에 따른다. 즉 착한 행동은 혜택을 받고 나쁜 행동은 손해를 입는다. 왜냐하면 이 모든 것들이 인과율의 법칙이기 때문이다.

붓다의 경제 코칭 ——
중도로 본 불교경제학

3

생각의 질이
말과 행동을 결정한다

세계의 역동적인 관점에서 볼 때, 불교는 윤리에 대한 절대적 규칙을 설정하지는 않는다. 오히려 행동(행업)의 윤리적 가치는 그것이 초래하는 결과에 의해서 판단된다. 착한 행동은 좋은 결과를 가져오기 때문에 좋은 것이다. 나쁜 행동은 나쁜 결과를 가져오기 때문에 나쁜 것이다. 그런데 가치 있는 결과를 얻기 위해 사용된 수단은 그 목적에 의해서 정당화된다고 생각하는 이들이 있다. 이것은 "목표가 수단을 정당화한다"는 표현으로 요약된다.

예를 들어 어떤 혁명가들은 그들의 목표가 모든 사람들이

제1장
경제와 윤리

공평해지는 이상사회를 건설하는 것이기에 이상사회 건설에 장애가 되는 것은 어떤 것을 제거할지라도 정당화된다고 주장한다. 즉 목표(이상사회 건설)가 수단(증오와 살육)을 정당화하는 것이다.

목표가 수단을 정당화한다는 생각은 자연 법칙에 맞지 않은 인간 신념의 좋은 예이다. 이 생각은 인간이 만든 생각인데, 자연의 법칙을 거스르는 편리한 합리화이다. 신념은 그 자체로는 악이 아니지만 현실과 충돌할 때에 문제를 일으킨다. 역사를 통해서 극단적인 정치적·종교적 이데올로기를 가진 사람들이 가장 잔인한 행동을 저질러 왔다. 목적이 수단을 정당화한다는 슬로건 아래서이다. 그러나 이유가 아무리 고상하더라도, 결국 그 일은 그들이 창조하고자 하는 것의 파괴, 즉 어떤 종류의 사회적 질서나 행복의 파괴로 끝났다.

역사에서 교훈을 얻기 위해서는 과거의 사건들을 파헤쳐서 모든 원인과 조건들을 분석해 보아야 한다. 그리고 이 과정에는 관련자들의 '마음'에 대한 분석도 포함되어야 한다. 예를 들어, 격렬한 혁명의 전반적인 분석 과정에서는 경제적이고 사회적인 조건만이 아니라 정서적이고 지적인 조건도 고려되어야 하며, 이 과정에서 사용된 이데올로기와 방법 등의 논리적 타당성도 검토되어야 한다. 왜냐하면 이 모든 것들이 작용해서 결과를 낳았기 때문이다.

붓다의 경제 코칭 ──
중도로 본 불교경제학

이러한 방식의 분석에 의한다면, 자연의 인과율(因果律)에 반하는 어떤 수단, 그리고 증오와 피비린내 나는 수단에 의해서는 이상적인 사회가 건설될 수 없다는 것이 분명하다. 불교는 목적이 수단을 합리화한다고 말하지 않는다. 오히려 수단이 목표를 조건 짓는다고 말한다. 즉, 결과는 수단에 따라서 달라진다. 살육과 증오의 결과는 더 큰 폭력과 불안을 부른다. 이것은 격렬한 혁명에 의해서 생겨난 경찰국가들에서 증명이 된다. 그곳에는 항상 (업karma의 결과로 생긴) 긴장으로 가득 차 있고 그 상황을 참을 수 없게 되면 곧이어 사회 붕괴로 이어진다. 이렇게 수단(살육과 공격)은 결과(긴장과 불안정)를 조건 짓는다.

그러나 윤리가 자연적 법칙이기는 하지만, 우리가 개인적으로 윤리적 선택을 해야 할 때 옳고 그름이 늘 분명한 것은 아니다. 윤리의 문제는 항상 고상하다. 우리는 인생을 통하여 계속 옳고 그름의 문제를 만나게 된다. 그리고 우리 스스로 결정을 내려야 한다. 그 과정에서 선택과 의도는 어떤 일정한 윤리적 판단을 띠게 된다.

그런데 이 주관적이고 도덕적인 선택의 과정에서 선악과 관련된 불교의 가르침은 지침이 되어 준다. 비록 이러한 윤리적 결정이 주관적이라고 해도 객관적인 인연 법칙이 세상 밖에서 작용한다는 것을 잊으면 안 된다. 우리의 윤리와 그리고 그에

제1장
경제와 윤리

자연스럽게 따르는 행동은 우리의 현재를 결정하는 인(因)과 연(緣)이 된다. 그것이 우리가 현재 살고 있는 사회이고 우리가 현재 살고 있는 환경 조건이다.

주관적 가치와 객관적 현실

주관성, 윤리
내적·주관적 가치

신·구·의 삼업
외적 객관적 현실

불교의 심오한 원리 중의 하나는 내적 주관적 가치가 외적 객관적 현실의 역동성과 직접적으로 연결되어 있다는 사실이다. 이 미묘한 현실은 모든 윤리적 문제의 중심에 자리 잡고 있다. 그러나 불행히도 사람들은 어떻게 그들의 내적 가치가 외부적 현실을 조건 짓는지에 대해서 희미하게만 알고 있다.

물질세계에서 인과율의 법칙을 관찰하기는 쉽다. 익은 사과는 나무에서 떨어지며 물은 아래로 흐른다. 하지만 사람들은 자기 자신을 우주와는 별도로 존재한다고 생각하는 경향이 있기 때문에, 그들은 이러한 규칙이 자기 내부의 주관적 가

붓다의 경제 코칭 ——
중도로 본 불교경제학

치, 즉 사고와 도덕적 태도에도 적용된다는 사실을 잘 알지 못한다. 윤리는 주관적인 것이기 때문에 사람들은 그들이 객관적인 현실과 어떤 식으로든 관련되어 있다고 생각하지 못하는 것이다.

그러나 불교의 관점에 따르면, 윤리는 내적 현실과 외적 현실 사이의 다리를 놓아준다. 윤리는 인연의 규칙에 따라 객관적 조건에 대한 주관적 원인으로 작용한다. 사람들이 '내 생각·말·행동이 나 자신을 도울까, 해칠까?'라고 자주 윤리적으로 묻는 것을 보면 이 점은 분명하다. 현실에서 우리는 우리의 주관적 현실, 즉, 탐진치(욕심·성냄·어리석음)에 대한 불건전한 욕망을 조절하는 데 윤리를 사용한다. 우리의 생각의 질은 우리가 말하고 행동하는 방식을 꾸준히 결정한다. 뿐만 아니라 우리의 윤리는 외부 객관 세계에서의 활동 또한 결정한다.

제1장
경제와 윤리

4

윤리가 어떻게
경제의 기반이 되는가?

　확실히, 경제와 윤리는 쉽게 구별된다. 우리는 어떤 경제적 상황을 순전히 경제적 측면으로만, 혹은 순전히 윤리적 측면으로만 볼 수 있다. 예를 들어 책을 읽는데, 윤리적 관점이라면 독서는 좋은 행동이다. 그대가 지식에 대한 욕구로 책을 읽는다면 이것은 윤리적 판단이다. 그러나 경제적 관점으로는, 이 책 읽는 행동, 독서가 아무 이득도 없는 자원의 낭비일 수도 있다.

　그러나 실은 이 두 관점은 서로 연결되어 있고, 서로 영향을 주고 있다. 경제적 사고는 윤리에 어떤 가치를 두지 않으려고 하지만, 경제적인 사건에 있어서도 윤리는 너무나도 분명한 의미가 있다. 어떤 지역이나 나라가 불안전하면-도둑과 폭력의 위험이 많고, 도로도 불안전하다면- 자본은 그곳에 투자하려 하지 않을 것이고, 관광객들은 가려고 하지 않을 것이다. 당연히 그 나라 경제는 침체되고 고통 받을 것이다. 반면에 시민들이 법을 잘 지키고, 잘 훈련되어 있고, 양심적으로 안전 질서를 지키고 청결을 유지한다면 사업은 더욱 성공할 것이고, 시 당국도 질서 유지와 안전에 그리 많은 비용을 들이지 않아도 된다.

비윤리적 기업은 곧바로 수익을 내는 데에만 관심을 쏟는다. 기업이 함량 미달의 재료를 사용하여 식품을 제조한다거나, 공업용 색소로 아이들의 과자를 만들거나, 드링크에 인공색소를 사용한다거나, 통조림 생산에 양잿물을 쓴다거나 하면 (남의 나라 일이 아니다. 이 모두가 우리나라 태국에서 발생했던 일이다!) 소비자의 건강이 위험에 처할 것이다.

그리고 이런 식품을 먹고 병이 생기면 시민들은 병원에 가야 하고, 정부에서도 경찰력이나 형사 처벌 과정에 더욱 많은 예산을 써야만 한다. 나아가, 불량식품을 먹고 건강을 해친 사람에게는 신체상의 장애가 생기므로 노동생산성이 떨어질 것이다. 국제무역에서는 가짜 상품을 납품한 사람들이 국제시장에서 신뢰를 잃고 외화 획득에도 지장을 줄 것이다.

제1장
경제와 윤리

또한 윤리적 태도는 생산품에도 영향을 준다. 노동자가 자기 일을 즐겁게 하고, 근면하게 한다면 생산성이 올라간다. 반면에 정직하지 못하고 게으르다면 생산품의 질이나 양에서 부정적인 결과를 가져올 것이다.

소비의 측면을 보자면, 허영심이 많고 변덕스러운 사람들이 많은 사회에서는 품질 좋은 제품보다 겉만 번지르르한 상품을 선호하기 쉽다. 그러나 실질적인 사회에서는 가치가 외양이나 사치에 있지 않기 때문에 소비자들은 신뢰도에 따라서 그들의 상품을 선택하게 된다. 분명 이 두 사회에서 소비되는 제품은 서로 다른 경제적인 결과를 초래할 것이다.

붓다의 경제 코칭 ──
중도로 본 불교경제학

5

광고의 홍수
속에서 현명해지기

광고도 경제적 행위를 촉진한다. 그러나 그에 따라 자주 옳지 않은 가격이 형성된다. 광고는 대중적 가치와 관계가 있다. 광고자는 대중의 열망을 끌어내야 한다. 그들은 소비자에게 호소하는 광고를 만들어 내기 위하여 선입견과 욕망을 만들어 낸다. 광고는 대중의 심리를 이용하고, 경제적 목적의 가치를 조작(造作)한다. 그리고 그에 대한 대중의 반향에 따라서 그것은 일정한 윤리적 의미를 갖게 된다. 쏟아지는 광고는 물질주의를 초래한다. 그리고 옳지 않은 광고 이미지와 메시지는 대중의 도덕을 해친다. 이러한 대량 광고물은 사람들로 하여

제1장
경제와 윤리

금 이기적인 탐닉에 빠지도록 유도한다.

광고는 사람들을 단순 소비자로 만든다. 상품 소비 이외에 더 높은 목표는 갖지 않은 완벽한 소비자. 그 과정에서 사람들은 끝없는 갈망으로 채워지고, 물질에 굶주린 아귀로만 변할 뿐이다. 그리고 그 결과 사회는 이해관계의 충돌로 들끓게 된다.

또한 광고는 그 자체로서도 가격 상승요인이 되는데, 사람들은 불필요한 물건을 실제 가격 이상을 주고 사게 되는 결과를 초래한다. 이것은 낭비이고 사치이다. 이렇게 산 물건들은 잠시 동안 사용되다가 멀쩡한 상태에서도 곧잘 버려진다. 그리고 또 다른 물건들로 대치된다.

그뿐만 아니라 광고는 사람들이 사회적 지위를 나타내고자 하는 수단으로 활용하도록 유혹한다. 자신이 부자인 것처럼 보이게 하기 위해서 품질 따위는 생각하지 않고 사람들은 이러저런 물건들을 사들인다. 심한 경우, 멋지게 보이고 싶은 마음이 급한 나머지 유행하는 물품을 사기 위해서 현찰이 없는데도 신용카드를 사용하기도 한다. 이렇게 버는 것보다 더 많이 지출하는 데서 불행이 시작된다. 새로운 유행 패션의 선전을 보면 구매 욕구를 갖게 된다. 분별 없는 구매를 통해 사람들은 더욱 깊이 빚더미에 빠져들고 그 속에서 허덕인다. 세상에는 엄청나게 많은 정보들이 있지만 대부분 거짓 정보와 환상만을 만들어 내고 있다는 게 아이러니이다.

　정치적 차원에서 본다면, 오늘날 광고 현실에 대해서 어떤 결단이 내려져야 한다. 광고에 어떤 통제가 있어야 하는가? 있다면 어떤 종류일까? 도덕과 경제 사이에서 적절한 균형을 이룰 수 있을 만한 것은 어떤 것일까? 여기에 교육 또한 관계되어야 한다. 광고가 사람들에게 어떻게 작용하는가를 알리는 교육법도 개발되어야 하고, 광고 내용 중에서 얼마만큼을 믿을 것인가에 대해서도 교육되어야 한다. 좋은 교육이 되려면 사람들이 상품 구매에 있어서 더욱 현명해지도록 지도해야 한다. 광고 문제에 있어서도, 사회 속에서 작용하는 여러 활동들이 다각적인 면을 가지고 있고 그것들이 서로 연관되어 있다는 점을 고려하여야 하는 것이다.

제1장
경제와 윤리

6

최소한의 윤리,
지속 가능한 사회

이제 시야를 더 넓혀 본다면, '자유 시장 체제'는 궁극적으로는 (최대한이 아니라) '최소한의 윤리'에 기반하고 있다. 자유 시장 체제에는 기업들의 탐욕적인 경쟁으로 인해 자유가 실종되었다. 영향력을 통한 독점 행위가 그 대표적인 예이다. 이것은 경쟁자를 압살하는 일로, 매우 정당하지 못한 일이다. 경쟁자를 폭력적으로 제거하는 일은 '자유 시장 체제'의 종말을 뜻하지만, 그럼에도 경제학 교과서는 이를 당연한 일로 취급한다.

경제적 행위가 윤리적으로 건전해지려면 개인이나 사회나 자연환경에 해롭지 않은 방식으로 진행되어야 한다. 달리 말해서 경제적 행위가 자기 자신에게 문제를 일으키지 말아야 하며, 사회를 불안하게 하지 말아야 하고, 생태계를 파괴시키지 말아야 한다. 나아가 이 세 가지 영역에서 안락을 증진시켜야만 한다. 이렇게 윤리적 가치가 경제에서 중요한 요소로 여겨진다면, 예를 들어, 우리 몸을 지켜주는 음식물은 비록 위스키보다도 값은 싸지만 영양이 풍부하기 때문에 훨씬 값이 나가는 것으로 취급하게 될 것이다.

불교경제학은 모든 사물의 진실을 보고자 노력한다. 그것은 윤리 문제에 있어서 더욱 폭넓고 포괄적인 안목을 제시해 준다. 일단 윤리가 정당성을 얻기만 한다면 윤리적 문제는 전체 인과의 과정 속에서 연구될 수 있을 것이다. 그러나 경제학이 윤리적 고려에 관심을 갖지 않는다면 경제학은 사물의 전반적인 인과 관계를 이해하는 데에 실패할 것이다.

현대경제학은 사회과학 중에서 가장 과학적이라고 한다. 물론, 경제학자들은 과학적 방법론을 자랑함에 있어서 단지 측정 가능한 양적 척도만을 활용한다. 심지어 경제학이란 숫자의 학문, 수식의 학문이라고까지 말한다. 그러나 그렇게 과학이 되고자 하는 노력의 끝에 경제학은 결국 측량할 수 없는 모든 추상적 가치를 잃게 되는 것이다. 현대 경제학자들은 경제적 행위를 인간의 특별한 활동으로 생각하는 과정에서 좁은 전문적 성격 속으로 빠져버린다. 경제학자들은 전문가의 방식으로 인간 행위의 영역에서 모든 비경제적 요소들을 제거해 버리고, 경제를 전문적인 단일 주제로만 한정시킨다.

많은 경제학자들은 자신이 객관적 자세에 도전하고 있고 경제학은 모든 사회과학 중에서도 가장 가치를 따지는 학문이라고 주장한다. 그러나, 그렇다면 가치가 모든 사람들의 마음의 바탕을 이루고 있는데, 경제학자들은 가치중립적일 수가 있겠는가? 어떠한 방법으로? 경제적 과정은 욕구로 시작되어 선택으로 계속되고 만족으로 끝난다. 이 모든 것은 마음의 기능이다. '가치'라는 추상적 부문은 경제학의 처음에도, 중간에도, 나중에도 존재한다. 그래서 경제학자가 가치로부터 자유로울 가능성이 없는 것이다. 그럼에도 불구하고 많은 경제학자들은 가치적·윤리적 고려나 정신적 질을 회피한다.

경제학자들에게는 윤리적 훈련이 결여되어 있다는 점, 정신적 가치와 인간 욕망의 작용에 무지하다는 점이 바로 그들로 하여금 문제를 해결하지 못하게 하는 중대한 결함이다. 그러므로 지구를 이러한 과잉 소비와 과잉 생산의 재앙으로부터 구출하고자 한다면, 경제학자들은 우선 경제 분야에서 윤리가 중요하다는 것을 이해해야만 한다. 그들이 생태학을 배워야 하듯이, 그들은 또한 윤리학과 인간 욕구의 본질들을 배우고, 그것에 대해서 철저히 이해해야만 한다. 그들이 불교에서 도움을 받을 수 있는 것이 바로 이것이다.

불교경제학의 요체

1

불교가 보는
인간 본성

불교의 가르침에 따르면, 인간은 무명(無明) 혹은 무지(無知, ignorance)의 상태로 태어난다. 무명이란 지혜가 없는 상태로서, 이 때문에 인생에서 여러 가지 문제가 생겨난다. "인간에게는 앎이 부족하고 고통이 많다"는 사실은, 갓 태어난 어린아이가 먹지도 말하지도 못하는 것만 보아도 알 수 있다.

무지(無知)는 실제적인 인생의 한계인데, 이것이 바로 인생의 문제이다. 불교에서는 이 인생의 짐을 괴로움[苦, dukkha, suffering]이라고 부른다. 인간은 태어날 때부터 무지하기 때문에 잘 사는 방법을 모른다. 그들은 적절한 앎(knowledge)의 인도 없이 단순히 욕심에 따라 행동하고, 적대적인 세계에서 살아남을 궁리만 한다. 불교에서는 이 욕망을 탐심(갈애, tanhā)이라고 부른다.

갈애(渴愛)란 갈구함·욕망·목마름 등을 뜻한다. 갈애는 감각[受, feeling]에 따라 발생하며 그것은 무지에 뿌리를 두고 있다. 어떤 종류의 감각[受]이 경험되면 괴로움[苦]이나 즐거움[樂]이 생기고, 아름답거나 추한 광경을 보거나 들으면, 거기에는 즐겁거나[樂], 즐겁지 않거나[苦], 이도 저도 아닌[捨] 세 가지 종류의 느낌이 뒤따른다.

갈애는 이 느낌에 따라서 발생한다. 느낌이 즐거우면 그것에 집착하고자 하는 욕망이 생겨난다. 즐겁지 않으면 그것으로부터 도피하거나 파괴·제거하고자 하는 욕망이 생겨난다. 그리고 이도 저도 아닌 느낌에 대해서는 그것에 머물려고 하는 미묘한 느낌이 생겨난다. 이 반응은 자동적인 것이고, 어떤 의식적인 의도나 특별한 이해가 작용하는 건 아니다. 반면에 어떤 생각이 이 과정에 끼어들면 갈애는 방해를 받고 이 과정은 다른 형태로 경로를 바꾸기도 한다.

갈애는 느낌 바로 뒤에 뒤따르기 때문에 인간은 즐거움을 주는 대상을 찾아다닌다. 그리고 그 대상은 근본적으로 여섯 가지 감각 대상, 즉 물체·소리·냄새·맛·촉감·상념[色·聲·香·味·觸·法]을 말한다. 그중 앞의 다섯 가지가 더욱 뚜렷한데, 이를 오감(五感)이라고 한다. 갈애는 이 여섯 가지 대상을 찾아다니고 그것에 달라붙는 것이다. 갈애는 감각적 대상을 갈구하고, 이 대상은 즐거운 느낌을 제공한다. 갈애란 간단히 말해서 갖고자 하거나 얻고자 하는 욕망을 말한다.

예를 들어 음식에 대한 기본적 욕구를 보면 갈애가 작용하는 방법을 잘 알 수 있다. 음식을 먹는 생물학적 목적은 신체에 영양을 공급하고, 에너지를 주어 안녕을 도모하는 것이다. 그럼에도 불구하고 그보다는 맛을 즐김이 이러한 생물학적 필요를 밀어내고 그 자리를 차지한다. 이러한 갈애의 욕구는 결국 건강에 해롭거나, 삶의 질에 해로움을 준다.

사람들이 음식물을 먹을 때 영양이나 건강 유지의 목적이 아니라 갈애를 좇아서 먹는다면 이것은 '즐거운 미각'을 얻을 목적으로 먹는 것이 된다. 결국 이러한 종류의 욕망은 끝이 없고, 마침내 몸과 마음에 문제를 가져올 것이다. 비록 음식은 맛날지 모르겠지만, 사람들은 소화불량이나 비만, 질병이라는 고통에 시달리게 된다.

이는 크게 보아 두 가지 대가, 즉 천연자원의 고갈과 같은 과잉소비라는 사회적 대가와 건강상실이라는 개인적 대가를 초래하는데, 큰 눈으로 본다면 이들은 범죄나 부패, 혹은 전쟁 못지않게 심각하다.

현대경제와 불교는 모두 "인간의 욕망이 무한하다"는 점을 인정한다. 부처님께서는 "욕망의 강물처럼 큰 강물은 보지 못했다"고 했다. 강물은 때때로 방죽으로 막을 수도 있지만, 욕망의 강을 채울 방도는 없다. "금전이 하늘에서 비처럼 쏟아진다고 해도 인간의 감각적 욕망은 만족시킬 수 없다"고도 하였다. 또한 부처님께서는 "어떤 사람이 금으로 가득 찬 산 하나를 가지고 나서도 두 개를 소유할 수 있을지는 몰라도 그래도 그 사람의 욕심을 만족시킬 수는 없다"고 하였다. 불교의 가르침에는 '인간 욕망이 무한함'을 묘사한 표현이 많다. 『자타카(Jataka, 본생담)』에 나타나 있는 관련 이야기를 보도록 하자.

옛날에 만다투(Mandhatu)라는 왕이 살고 있었는데, 그는 강력한 통치자로서 매우 오랫동안 살았다. 그는 소망하는 모든 것을 가질 수 있는 특별한 재능을 가진 왕이었다. 그는 8만 4천 년 동안 왕자로 지냈고, 왕세자로 8만 4천 년을 지냈고, 황제로 8만 4천 년을 지냈다.

어느 날, 황제로서의 8만 4천 년이 지난 후에 왕은 그 일이 지루해지기 시작했다. 그가 가진 거대한 부(富)도 더 이상 그를 만족시키지 못했다. 대신들은 무언가 일이 잘못되었음을 눈치채고, 왕에게 어디가 불편한지 물어보았다. 왕은 "내가 가진 재산은 얼마 되지 않는군. 나보다 더 재산이 많은 곳이 어디인가?" 대신들이 대답했다. "하늘나라뿐이옵니다, 폐하."

그런데 하늘나라 왕의 보물 중에 짜카라탄(cakkaratans)이라는 요술 수레가 있었는데, 어디든지 가고 싶은 곳으로 갈 수 있는 신기한 것이었다. 만다투 왕은 그것이 탐나서 사대천왕이 있는 하늘나라로 향하였다. 사대천왕은 그를 맞이하였고, 그의 소망을 듣고 나서 그의 소망에 따라 천상계를 모두 넘겨주었다.

이리하여 만다투 왕은 오랫동안 사대천왕을 대신해서 천상계를 다스려 갔다. 그러던 어느 날, 왕은 또다시 지루해지기 시작했다. 재화로부터 얻는 즐거움과 천상의 기쁨이 더 이상 그를 만족시키지 못하게 되기까지는 그리 오랜 시간이 필요치 않았다. 그는 다시 시종들에게 명령하여 도리천의 즐거움에 대하여 알아오도록 했다. 도리천의 즐거움을 전해 들은 왕은 곧 그의 요술 마차를 타고 도리천으로 향하였다. 그리고 그곳에서 인드라 제석천의 영접을 받고 곧 온 나라의 반에 대한 통치권을 양도받았다.

이리하여 만다투 왕은 다시 인드라 신과 함께 도리천을 통치하였다. 그러나 그 즐거움도 그리 오래가지는 않았다. 인드라 신의 공덕이 다해져서 그 자리를 유지할 수 없게 되자 다른 인드라 신이 왔다. 그리고는 새로운 인드라 신도 자기 공덕이 다할 때까지 통치를 계속했다. 이렇게 하여 서른여섯의 인드라 신이 오고 갔고, 만다투 왕은 통치자로서의 지위를 이어갔다.

그러자 마침내 왕은 싫증이 나기 시작했다. 도리천 전체를 다스리고 싶어졌다. 그래서 왕은 인드라 신을 살해할 음모를 꾸미기 시작했다. 그러나 인간의 몸으로서 인드라 제석천을 죽일 수는 없는 일이므로 그의 희망은 이루어질 수 없는 성질의 것이었다. 이렇게 자기 욕구를 채울 수 없다는 왕의 생각은 그의 존재를 뿌리부터 갉아먹기 시작했고, 그 결과 그는 다시 늙기 시작했다.

이렇게 늙었기 때문에 그는 갑자기 도리천에서 지상으로 쿵 소리를 내며 밭으로 떨어졌다. 왕이 밭에 떨어지는 것을 본 농부들은 이 사실을 왕궁에 알리고 다른 몇몇 사람은 임시로 밭 한가운데 왕좌를 만들어 드렸다. 그러나 마침내 만다투 왕의 죽음이 임박했다.

이에 왕족들은 달려 나와 마지막 유언이 없는가를 물어보았다. 그러자 왕은 다시 자신의 위대함을 만방에 선포하고, 자신이 지상과 천상에서 가지고 있는 권력과 재화를 늘어놓아 보았지만, 결국 그 욕망은 달성되지 못하다는 점을 인정하는 수밖에 없었다.

이야기는 여기서 끝난다. 결국 인간의 욕구는 끝이 없다는 이러한 사실은 불교나 경제학이나 함께 인정하는 것이다.

붓다의 경제 코칭 ——
중도로 본 불교경제학

2

갈등에서
조화로

사람들은 맹목적이고 끝이 없는 욕망을 채우려는 몸부림에서 무엇이 자신에게 진정한 이익인지, 무엇이 자신을 진정으로 해치는 것인지를 명확히 깨닫지 못한다. 그리고 그들은 무엇이 자신을 진정한 평안으로 이끌어 주는지, 무엇이 자신을 평안으로부터 몰아내는지를 알지 못한다.

또한 사람들은 무지(無知)나 무명(無明)으로 눈이 멀어져서 자기 욕구를 채우기에만 급급하다. 그리고 이 과정에서 가끔은 이로운 것도 만들어 내기도 하고 그것을 파괴하기도 한다. 가끔 좋은 것을 만들어 낸다고 해도 이는 거의 우연의 소산일 뿐이요, 갈애(욕망)로부터 얻는 많은 것은 인생에서 해로움을 더할 뿐이다. 사람들은 이기적 욕심을 채우면서 자연과 사회 속에서 서로 싸우면서 살아간다. 무지[無明]에 이끌리는 인생이란 이렇게 충돌과 부조화로 가득 차 있다.

그런데 인간의 본성이 이것뿐이라면, 그리고 경제에서 고려해야 할 것이 이것뿐이라면 인간은 동물과 별반 다를 바도 없을 것이다. 그리고 인간의 특출한 재능이 오히려 인간의 행복을 몰아낸다고 생각하면 인간은 오히려 동물보다 나쁠 수도 있다. 그러나 다행히 인간의 천성에 이것만 있는 것은 아니다. 불교에서는 인간은 본래적으로 자기계발을 위한 특별한 재능을 가지고 있다고 가르친다. 불교는 또한 물질에 대한 욕구가 자연스럽다는 사실도 인정하고 행복하고 즐거운 삶을 위한 인간의 열망도 인정한다.

인간은 무지에 따라 살고, 욕구의 방향대로 살기 때문에 문제가 생긴다. 그러므로 이를 알게 한다면 문제 해결이 가능해진다. 인간의 발달이란 바로 이 앎의 발달에 달려 있다. 그래서 불교에서는 이러한 앎을 지혜(빤냐paññā, wisdom)라 한다.

이렇게 무지가 지혜로 대치되면 비로소 참된 이익과 잘못된 이익에 대한 구별이 가능해진다. 지혜가 있어야만 자기 욕구를 "진정 자신에게 이익 되는 일"로 돌릴 수 있다. 불교에서는 이 진정한 이익에 대한 욕구를 담마-찬다(dhamma-chanda, 옳은 것

붓다의 경제 코칭 ──
중도로 본 불교경제학

을 향한 욕구) 혹은 쿠살라-찬다(kusala-chanda), 혹은 줄여서 찬다(chanda, 의욕)라고 부른다. 쿠살라(kusala)란 '선(善), 유익한'이라는 뜻이고, 찬다(chanda)는 의욕이나 열의라는 뜻이다.

의욕(chanda)의 목표는 진리(眞理, dhamma) 혹은 선법(kusala-dhamma)이다. 즉 진리나 선(truth and goodness)이다. 그리고 이러한 진리나 선은 노력에 의해서 얻어진다. 그래서 의욕(chanda)은 갈애와는 반대의 행동을 요구한다. 의욕은 지성적 성찰로부터 얻어진다. 반면에 갈애는 습관적인 흐름이나 무지의 행동이다. 즉, 욕구(desire)에는 두 종류가 있는데, 요약하면,

1. **갈애(taṇhā):** 감각으로 향한다. 갈애는 대상을 찾아다닌다. 그것은 이기적이고, 무지에 의해서 유발되고 증장된다.

2. **의욕(chanda):** 이익을 향하는 일이다. 그것은 노력과 행동을 유발한다. 그리고 지성적 행동에 기초한다.

지혜가 계발되면 의욕(chanda)이 더욱 뚜렷해지고, 갈애라는 눈먼 욕구는 그 힘을 잃는다. 우리는 자기 자신을 훈련하고 계발함으로써 무지와 갈애로 향하는 행동을 점점 줄이고 지

혜와 의욕에 의한 행동을 늘리게 된다. 지혜와 의욕은 우리 생활을 더욱 공교하게 이끌어 주고, 주위와의 관계를 더욱 알차고 보람 있게 맺어 준다.

지혜와 의욕의 관점에서는 인생을 더 이상 이해의 충돌로 보지 않고, 자신의 이익과 자연환경의 이익과 사회의 이익 이 셋의 사이에서 조화를 꾀하고자 한다. 그 이유는 결국 '진정으로 혜택 받는 인생은 개인과 사회와 환경이 서로 돕는 관계에서만 가능하다'는 사실을 알기 때문이다. 어느 영역에서건 마찰이나 충돌이 있다면 그것은 결국 모두의 문제일 수 있기 때문이다.

붓다의 경제 코칭 ——
중도로 본 불교경제학

3

두 종류의
욕구

이미 살펴본 대로, 불교에서는 두 가지 욕구(wanting)를 언급한다.

1) 갈애(taṇhā)- 쾌락적 대상을 향한 욕구
2) 의욕(chanda)-선(well-being)을 향한 욕구

갈애는 무지에 기초하는데, 반면에 의욕은 지혜에 기초하며, 문제 해결 과정이기도 하다. 갈애와 의욕은 서로 다른 만족에 이르도록 한다. 음식의 예처럼 갈애에 이끌린 사람들은

제2장
불교경제학의 요체

맹목적·감각적 욕구를 충족시키고자 한다. 이것은 맛에 대한 욕구, 음식의 맛에서 얻는 만족을 말한다. 그러나 의욕에 의한 다면 이러한 욕구는 행복(well-being)을 경험하는 방향으로 향한다. 우리는 음식을 즐기지만 후회하는 방향으로 가지는 않는다.

의욕은 우리를 명석한 지성과 사고에 기초한 노력과 행동으로 이끈다. 반면에 갈애는 우리를 무지에 근거한 맹목적 추구로 유도한다. 이 두 가지 내적 욕구는 서로 다른 행동을 유발하며, 아주 다른 윤리적 결과를 초래한다. 불교에서 행동의 윤리적 가치 판단은 동기가 갈애에 의한 것인가, 아니면 의욕에 의한 것인가에 따라 달라진다. 혹은 다른 말로 무지에 의한 동기인가, 지혜에 의한 동기인가에 따라서 달라진다.

그러므로 경제적 행동의 윤리적 가치를 판단할 경우에도 어떤 종류의 마음 상태에서 일어났는지 그 동기를 판단해야 한다. 갈애가 사람들의 경제적 결정을 유도하면 그 행동은 부도덕하게 흐른다. 그러나 의욕이 행동을 유도한 경제적 행위는 도덕적이 된다. 경제적 행위를 이러한 방법으로 판단함으로써 우리는 정신적 상태나 도덕적 행위, 그리고 경제적 행동이 어떻게 인과 관계로 연결되는가를 알게 된다.

불교적 관점에서 보면, 경제적 행위는 훌륭하고 고상한 인생을 위한 수단이어야 한다. 생산과 소비, 그리고 다른 경제적 행위는 그 자체가 목적이 아니다. 그것들은 수단이고, 그 수단의 결과는 개인과 사회와 환경의 행복(well-being)을 개발하는 것이다.

부처님은 재화의 적절한 획득에 대한 많은 가르침을 주셨다. 그러면서 부처님은 늘 재화의 목적은 더욱 높은 인간 능력을 계발하기 위한 것임을 강조하셨다. 불교는 출가자들만을 위한 것이 아니다. 그리고 불자들(재가자들)은 부(富)의 획득이 인간의 기본적인 행위라는 점을 잘 알고 있다.

불교는 인생이 추구해야 할 세 가지 목표를 제시한다. 처음의 목표는 적절한 물질적 안락과 경제적 안정이다. 그러나 물질적 안정은 나머지 더 높은 두 가지 추상적 목표-즉 마음의 행복(mental well-being)과 내적 자유(inner freedom)를 위한 기초일 뿐이다.

우리 인생의 대부분은 경제적 행위로 이루어진다. 만일 경제가 인간의 문제를 해결하는 데 어떤 실질적인 부분을 갖는다면 생산, 소비, 노동 등 모든 경제적 행위는 인간의 행복에 봉사해야 할 것이며, 훌륭하고 고상한 인간생활을 위한 잠재력을 구현하는 데 쓰여야 할 것이다. 우리가 행동할 수 있다는 점은 중요하다. 불교경제학의 요체는 경제적 행위가 우리 삶의 질을 높여 주어야 한다는 점에 있다.

| desire(欲) | chanda(欲) | 의욕, 열의 |
| 욕구, 욕망 | ṭanhā(渴愛) | 갈애, 탐욕 |

붓다의 경제 코칭 ——
중도로 본 불교경제학

4

경제 행위에서
윤리적 고려가 왜 필요한가?

경제학의 기본 원리는 사람들이 많은 만족을 얻을 수 있는 일만 하려 한다는 점이다. 그리고 이 만족은 오로지 물질적 소비에서 얻을 수 있는 만족만을 뜻한다. 그러나 때때로 우리는 부모가 자녀에게 선물을 줄 때처럼 대가를 전혀 받지 않고도 만족의 감정을 경험할 수 있다. 사랑하기 때문에 부모는 자녀를 소중하게 생각하며, 부모는 자녀로부터 어떤 물질적인 대가를 받는 것보다도 더욱 큰 '만족의 감정'이라는 보상을 받을 수 있다.

그런데 만일 사람들이 이러한 자신의 사랑을 가족들에게만 한정하는 것이 아니라 수많은 타인에게로까지 확장할 수만 있다면 어떤 물질적 보상을 받지 않고도 다른 일에 기꺼이 동참할 수 있고, 그러한 과정에서 더욱 큰 만족감을 경험할 수도 있을 것이다. 즉, 만족이란 물질을 얻으려는 욕망(tanhā)에서 오는 것이 아니라, 다른 이들을 행복(well-being)하게 하고자하는 의욕(chanda)에서 온다는 것이다.[1]

또 다른 경제 원리는 '물질적 가치는 수요에 의해서 결정된다'는 점이다. 이 원리는 무인도에 좌초된 두 사람의 이야기에 잘 나타나 있다. 한 사람은 한 자루의 쌀을 가지고 있고, 다른 사람은 금목걸이를 100개나 가지고 있다. 금목걸이는 한 개만으로도 쌀 한 자루를 사고도 남을 금액이다. 그러나 이 두 사람은 현재 탈출할 수도 없고 구조될 가망성도 없는 황량한 무인도에 좌초되어 있다. 이러한 경우 두 물질의 가치는 달라진다. 이제 쌀을 가진 사람은 쌀을 조금만 주고도 금목걸이 100개를 모두 다 차지할 수도 있다. 혹은 전혀 바꾸어 주지 않을 수도 있다.

그러나 이러한 결정 과정에서 윤리의 문제는 전혀 고려되지

---

1   의욕이 다른 사람에게로 향할 때 그것을 자비심(metta), 혹은 선의(good will), 다른 이의 복락(welfare)을 바라는 일이라고 한다.

붓다의 경제 코칭 ——
중도로 본 불교경제학

않았다. 경제학자들은 "경제학은 수요에만 관심이 있고, 윤리적인 문제는 고려하지 않는다"고 말하겠지만, 현실에서는 윤리적인 문제가 작용한다. 무인도의 두 사람의 예에서도 보듯이, 이 두 사람은 재화를(물질을) 나누어 쓰는 수밖에 다른 선택은 없는 것이다. 금목걸이의 소유자는 약간의 쌀을 훔쳐내거나 혹은 심지어 그를 죽일 수도 있다. 그와는 반대로 이 두 사람이 동료가 되어 쌀을 팔고 사는 일조차 없이 사이좋게 나누어 먹을 수도 있는 것이다.

현실에서 이런 일들은 어떤 식으로든 발생할 수 있다. 개인적인 도덕성이나 탐욕과 공포 등의 정서 요인은 경제적 행위의 결과를 만들어 낸다. 폭력이나 도둑질로 가서는 안 된다는 인간의 요청은 도덕적 절제를 인식하는 사람에게서 단순한 경제 원리와는 다른 결과를 이끌어 낼 것이다.

경제활동의 윤리적 성질을 평가하는 한 가지 방법으로, 그것이 가진 효과를 세 가지 차원에서 검토하는 방법이 있다. 즉, ① 개인 소비자의 차원, ② 사회의 차원, ③ 환경의 차원이 그것이다. 한 병의 위스키와 중국요리의 예로 돌아가 보자. 비록 이 둘의 시장가격이 같다고 할지라도 그 경제적인 대가(cost)는 같지 않음이 확실하다.

한 병의 위스키는 소비자의 건강을 해치고 이것이 반복된다면 병원비를 지출하게 할 수도 있다. 그리고 위스키를 생산

제2장
불교경제학의 요체

하는 양조공장은 공해를 유발하기도 한다. 이 공해는 다시 경제적인 충격을 주어서 정부가 환경보호 비용을 지출하게 만든다. 또, 술을 마시고 술기운으로 일을 하게 되면 능률을 못 올리거나 자동차 사고를 내어 결국 더욱 큰 경제적 비용을 치르게 된다. 이것도 사회적 손실이다. 더 나아가 범죄를 저지를 수도 있는데 이것은 사회로서는 아주 막심한 손실을 겪는 일이다.

아무리 윤리적인 문제라도 어느 것이든 경제적인 결과가 있는 법이다. 이것은 경제적인 대가 비용을 단지 현재의 시장가격뿐만 아니라, 훨씬 더 큰 규모에서 바라보아야 한다는 것을 뜻한다. 또한 오늘날에는 환경 부담 비용을 경제적 계산에 포함시키기 시작했다. 어떤 학자들은 환경 비용을 생산단가에 포함시키기도 한다. 그러나 이것만으로는 부족하다. 한 병의 위스키의 경우, 환경 비용은 제외하더라도 생산능률 저하, 교통사고, 간장 질환, 범죄 유발 등의 사회적·도덕적·건강 비용이 있다. 이런 모든 것들에 경제적 측면이 있는 것이다.[2]

---

2   주류 경제학에서 이 문제에 대해 경제행위에서 환경비용을 인정하는 일은 환경적 재앙의 위험에 당면해서 받는 압력 때문이기는 하다. 반면에 사회적·윤리적 비용은 그 위험이 그들이 관심을 끌 정도로 심각하게 느껴지지 않기에 무시되고 있다. 이런 일이 그리 쉽게 이루어지는 일은 아니지만, 이것은 또한 경제적 사고에 있어서의 주관성(subjectivity)에 관한 좋은 예라고 할 수 있다.

붓다의 경제 코칭 ——
                              중도로 본 불교경제학

경제 행위에 있어서 고려해야 할 두 번째의 윤리적 측면은 그 근저에 어떤 종류의 욕구가 있는가를 결정하는 일이다 가장 비윤리적인 경제 행위는 욕망이나 갈애를 채우고자 하는 욕구에서 비롯되는 행위이다. 담배나 마약의 밀매, 매춘 행위 등 단지 쾌락을 추구하기 위해 이루어지는 행위들이 삐뚤어진 경제행위의 예이다.

사람들이 쾌락에 더욱 경도될수록 그들 삶 속의 진정한 행복은 파괴될 것이다. 이 원리는 명백한 악에만 적용되는 것이 아니라 모든 경제 행위에 적용된다. 그러므로 생산과 소비, 기술의 사용에 대한 결정에 있어서 우리는 이 두 종류의 욕망을 구분할 수 있어야 하고, 현명히 판단해야 한다.

제2장
불교경제학의 요체

경제 개념에 대한 불교적 시각

경제행위의 기본적 모델은 가끔 경제학 교과서에서 다음과 같이 묘사된다.

"욕구는 끝없지만 희소성에 의해서 제한된다. 그리고 희소성은 선택을 강요하며, 선택에는 기회비용이 포함된다. 즉 한 가지를 선택하면 다른 것은 포기하는 셈이 된다. 그리고 최대 만족이 최종 목표이다."

이 모델에서 발견되는 기본 개념, 즉 욕구·선택·소비·만족이라는 개념은 우리 생활에서 기본적인 행위로 묘사되고 있다. 그리고 이 개념은 인간 본성에 대한 일정한 가정에 기초하고 있다. 그러나 불행하게도 인간 본성에 대해 현대 경제학자들이 파악하고 있는 이러한 가정은 좀 혼란스럽다.

불교는 인간 본성에 대해 분명하고 일관된 모습을 제공해 주고 있다. 그것은 윤리의 역할과 인간의 본성이라는 두 가지 영역을 모두 포함한다. 그러면 불교적 사고방식을 통하여 약간의 경제적 개념들을 살펴보기로 하자.

제3장
경제 개념에 대한 불교적 시각

1

가치

앞 장에서 의욕(chanda)과 갈애(ṭanhā)라는 두 종류의 욕구에 관하여 알아보았다. 그런데 욕구에 두 종류가 있다고 한다면 그것은 가치에도 두 종류, 즉 진정한 가치(true value)와 인위적 가치(artificial value)가 있다는 뜻이다. 그리고 진정한 가치는 의욕에서부터 나온다. 다른 말로 하면, 어떤 물질의 진정한 가치란 그것이 인간의 행복을 얼마나 충족시킬 수 있느냐에 달려 있다는 뜻이다. 반대로, 인위적 가치는 갈애에서부터 만들어지는데, 즉 쾌락을 위한 욕구를 만족시키는 물질이라는 뜻이 되겠다.

붓다의 경제 코칭 ──
중도로 본 불교경제학

따라서 어떤 물질의 가치를 평가하기 위해서 우리는 어떤 종류의 욕구가 그것을 규정하는지를 따져보아야 한다. 호사스러운 옷이나 보석, 고급차 그리고 다른 지위 상징물들은 사람들의 허영심과 쾌락에 대한 욕구를 자극하기 때문에 인위적 가치가 크다고 할 수 있다.

자동차는 달린다는 면에서는 고급 차나 보통 차나 차이가 없다. 그러나 고급 차는 인위적 가치 때문에 더 높은 값이 매겨진다. 오늘날 소비사회에서 당연하게 여겨지는 여러 가지 쾌락들, 즉 게임이나 오락물, 건강을 해치는 음식물들은 단지 욕망(tanhā)을 충족시키기 위해서 만들어졌을 뿐이다. 그것들은 실질적인 소용이 없고, 인간의 행복에는 저해되는 작용을 한다.

그리고 이러한 인위적 가치는 선전 광고에 의해서 촉진된다. 업자들은 광고를 통해서 상품에 좋은 이미지를 투사시킴으로써 소비자의 욕구를 자극한다. 광고는 고급 차를 사는 사람이면 누구나 다른 사람들보다 더 뛰어나고 고급 사회의 일원이 되는 것처럼 유도한다. 혹은 어떤 종류의 음료를 마시면 친구들과 더불어 행복한 듯이 믿도록 유도한다.

그래서 물질의 진정한 가치는 인위적 가치에 의해서 가리어져 있다. 욕망과 기만, 호사함과 감각적 자극들은 물질의 진정한 가치를 평가하기 어렵게 만든다. 음식물이나 의복의 참 가치를 생각해 보는 사람이 과연 얼마나 되겠는가.

2

소비

소비의 문제도 가치의 문제와 유사하다. 우리는 소비가 어떤 종류의 욕구를 지향하고 있는지를 분간해 보아야 한다. 이것은 진정 가치 있는 필요에 부응하는 것일까, 아니면 그것은 인위적 가치로부터 얻는 쾌락에 빠지는 것일까? 소비는 경제행위의 목표라고 한다. 그러나 이 소비는 경제적 원리와 불교적 원리에 따라서 서로 다르게 규정된다.

'소비'란 '욕구의 충족'이라고 많은 사람들이 인정한다. 경제학에서는 소비를 단지 '욕구를 충족시키기 위한 상품과 용역의 사용'이라고 정의한다. 그러나 불교에서는 두 가지 종류의

붓다의 경제 코칭 ──
중도로 본 불교경제학

소비, 즉 올바른 소비와 잘못된 소비로 구분한다. 올바른 소비란 인간의 행복을 향한 욕구를 충족시키는 재화와 용역의 사용을 말한다. 그것은 목표가 올바르고 목적이 올바른 소비이다. 반면에 잘못된 소비는 갈애로부터 생기는 것이다. 그것은 쾌락이나 자기만족을 위한 욕구를 충족시키는 것이다.

불교적 시각은 인과 관계의 큰 흐름에 대한 폭넓은 이해에 기반을 두고 있는 반면에, 경제학의 전문화된 사고는 이 흐름의 한 부분만을 본다. 수요는 만족을 충족시키기 위해서 소비를 유도한다. 그리고 대부분 경제학자들에 있어서는 그것이 전부이다. 그 다음으로 무엇이 발생할지에 대해서는 생각하지 않는다. 이러한 관점에서 소비란 욕구만 충족시킨다면 무엇이라도 될 수 있다. 그러나 이 소비에서 진정한 행복(well-being)이 얼마나 이루어졌는지에 대한 고려는 거의 없다.

올바른 소비 ◐ 올바른 욕구 충족

잘못된 소비 ◐ 잘못된 욕구 충족

소비가 감각적 욕구를 충족시킬 수는 있다. 그러나 소비의 진정한 목적은 행복을 충족하는 것이다. 예를 들어, 우리 몸

제3장
경제 개념에 대한 불교적 시각

은 영양분을 필요로 한다. 그래서 음식의 소비는 이러한 신체적 행복감을 충족시킨다. 그러나 많은 사람들에게 있어서 음식은 즐거움을 누리는 수단이기도 하다. 음식을 먹음에 있어서 맛을 취한다면 욕구를 충족시킨다고 본다. 경제학자들은 이러한 만족의 경험이 소비의 목적이라고 본다. 그러나 여기에서 결정적인 질문, 음식물 섭취의 진정한 목적은 무엇인가에 대한 질문에 깊이 숙고해 봐야 한다. 욕구의 만족인가, 신체적 안락인가?

불교적 견해로 보면, 소비는 진정으로 인간의 행복을 높여야만 비로소 성공적이라고 본다. 반면에 소비가 단순히 만족감만을 위한 것이라면 잘못된 것이다. 더 심해지면 갈애에 따른 소비는 행복이라는 진정한 목표를 파괴시킨다. 그러므로 이러한 결과에 대한 고려 없이 무분별하게 인간의 욕구만을 추구한다면 해로운 결과나 행복의 상실이라는 대가를 치르게 된다. 더욱이 소비사회에서 범람하는 충동적 소비는 인간 내부에 불만을 키운다. 인간의 행복을 위한 과학이라고 하는 경제학이 이러한 '목적 없는 자극적 소비'를 인정한다는 사실은 모순이다.

이와는 반대로, 올바른 소비는 인간의 행복에 기여하며, 인간 발전의 기초를 형성해 준다. 그러나 아쉽게도 이런 중요한 점을 경제학자들은 알지 못한다. 의욕(chanda)에 의한 소비는

붓다의 경제 코칭 ——
중도로 본 불교경제학

단순한 개인의 욕구 충족을 훨씬 넘어선다. 육체적 안락과 정신적 고양에 이바지한다. 또한 이것은 전 지구적인 규모로도 그러하다. 경제적인 행위가 모두 올바른 의욕에 의해서 이루어진다면 단지 건강한 경제와 물질적 진보 이상의 결실을 맺을 수 있을 것이다. 이러한 활동은 전체적인 인간 개발에 이바지할 것이고, 인간의 삶을 고상하게 이끌어 주고, 더욱 성숙한 행복을 누릴 수 있도록 해 줄 것이다.

제3장
경제 개념에 대한 불교적 시각

3

절제

불교의 가르침의 가장 중심에는 절제의 지혜가 자리 잡고 있다. 경제 행위의 목표는 욕구의 충족인 것처럼 보이는데, 그렇게 본다면 경제적 행위에는 끝이 없다. 왜냐하면 욕구에는 끝이 없기 때문이다. 그러나 불교적 접근법으로 본다면 경제 행위는 전통적인 경제적 사고에서 추구하는 최대만족보다는 행복 지향으로 조절되어야 한다. 이 행복은 경제 행위에 대한 조절통제의 목표가 된다. 더 이상 우리는 채워지지 않는 욕망을 충족시키기 위해서 서로 투쟁할 필요가 없다. 우리의 행동이 행복으로 향해져 있으면 된다. 만일 경제행위가 이런 방향

붓다의 경제 코칭 ——
중도로 본 불교경제학

으로 간다면 그 목표는 분명해지고, 그 행위는 조절될 것이다. 즉 균형 혹은 평형이 성취되는 것이다. 여기에는 넘치는 것도 없고, 과잉소비도 없고, 과잉생산도 없다. 고전 경제학 모델에서는 채워지지 않는 욕망은 '희소성'에 의해서 통제된다고 한다. 그러나 불교적 모델에서는 '절제와 행복'이라는 기준에 의해서 조절된다. 이에 따라 해로운 결과와 무절제한 경제 행위는 저절로 사라진다. 전통적으로 비구나 비구니들은 공양할 때마다 다음의 구절을 외움으로써 절제에 대해서 생각한다.[3]

> "우리가 공양을 받는 것은 쾌락이나 맛을 위해서가 아니다. 이는 육체의 허물어짐을 막고, 고를 극복하며 더 나은 인생을 살기 위함이다. 이 공양을 받음으로써 우리는 고통과 배고픔을 극복하고 비난 받지 않는 평온한 삶을 산다."

---

3   MN. I. 10; Nd 496(전재성 역주, 「모든 번뇌의 경」, 『맛지마니까야』, 한국빠알리성전협회, 2009, p. 97. "또는 성찰하여 이치에 맞게, 오락을 위한 것이 아니고, 도취를 위한 것이 아니고, 아름다움을 위한 것이 아니고, 매력을 위한 것이 아니라, 오로지 이 몸을 지탱하고 건강을 지키고 상해를 방지하고 청정한 삶을 보존하기 위해서, 이와 같이 '나는 예전의 고통을 끊고 새로운 고통을 일으키지 않고 건강하고 허물없이 평안하게 지내리라.'라고 생각하며 음식을 수용한다." 참조).

제3장
경제 개념에 대한 불교적 시각

이러한 절제의 목표는 사찰 안에서만 한정되지는 않는다. 우리가 물질을 사용할 때면 언제나 그것이 음식물이든, 의복이든, 혹은 전기나 종이 한 장이라도 함부로 쓰지 말고, 물건들의 올바른 용도에 관해서 생각해 보아야 한다. 이렇게 생각함으로써 우리는 부주의한 소비를 줄일 수 있고, 절제와 중도를 이해할 수 있다.

우리는 또한 '소비는 목표를 위한 수단'이라고 본다. 그리고 이 목표란 인간 잠재력의 개발을 위한 것이다. 이렇게 인간개발을 목표로 삼을 때 우리는 음식을 단순히 재미로 먹는 것이 아니라 고상한 삶을 이루는 데 필요한 정신적 성장을 위한 육체적 에너지를 얻기 위한 목적으로 먹게 되는 것이다.

〈세속경제학적 좌절〉

채워지지 않는 욕망	➡ 투쟁과 경쟁 ➡ 희소성에 의한 좌절

〈불교경제학적 절제〉

채워지지 않는 욕망	➡ 절제에 의한 조화

붓다의 경제 코칭 ——
중도로 본 불교경제학

4

비소비

현대경제학에는 정신적 차원이 결여되어 있기 때문에 최대한의 소비를 권장한다. 만일 먹을 수만 있다면 하루에 열 번이라도 먹으라고 할 것이다. 반면에 불교경제학은 비소비가 인간의 행복에 도움이 된다고 가르친다. 스님은 하루에 한 끼만 먹지만, 그들은 더욱 편안한 삶을 살아간다.

그리고 재가불자도 결제 철에는 오후 불식을 실천하여 스스로의 편안한 삶을 도모한다. 저녁식사를 하지 않으면 명상할 시간, 불법의 가르침을 깊이 생각할 시간을 더욱 많이 얻게된다. 위장이 비어 있어야 몸이 가벼워지고, 마음도 고요해진

제3장
경제 개념에 대한 불교적 시각

다. 이렇게 불교는 어떤 욕구는 소비하지 않음으로써 이루어진다는 것을 잘 알고 있다. 이것은 전통 경제학이 인정하기 어려운 사고방식이다. 금식(禁食)은 우리의 정신적·비물질적 요구를 충족시킨다.

물론, 식사를 하루에 한 끼로 줄이는 것 그 자체가 목표는 아니다. 요는 소비하지 않는 것도 소비와 마찬가지로 목표를 이루기 위한 중요한 수단이라는 것이다. 만일 절제가 우리를 행복으로 이끌지 못한다면 그것은 잘못된 방식이 될 것이다. 문제는 소비하느냐, 아니냐가 아니라 우리의 선택이 자기개발을 위한 길이 되느냐, 아니냐이다.

붓다의 경제 코칭 ──
중도로 본 불교경제학

5

과소비

오늘날 사회는 과소비를 조장한다. 소비를 통하여 만족감을 채우려는 끝없는 몸부림 속에서 많은 사람들은 자신과 다른 사람의 건강을 망친다.

음주(飮酒)는 욕구를 충족시키지만, 질병이나 가족 파괴나 치명적 사고의 원인이 된다. 재미로 음식을 먹는 사람들은 자주 과식으로 인한 질병에 시달린다. 또 사람들은 음식물의 가치를 생각하지 않고 쓰레기 같은 음식물에 돈을 쓴다. 어떤 사람들은 매일 굉장한 음식을 먹고도 비타민과 미네랄 결핍증에 걸린다. 믿기 어렵겠지만 이런 영양부족이 보고되어 있다. 이들이 훌륭한 행동을 하지 않음은 물론이거니와, 이들의 과식은 결과적으로 다른 사람이 먹을 음식까지 빼앗는 셈이 된다.

그러므로 단순히 어떤 물질이 즐거움과 만족을 준다고 해서 가치 있는 물질이라고 말할 수는 없다. 만일 사람들이 인생의 질을 풍부히 해 주지 않는 물질들로부터 만족을 얻는다면 그 결과는 진정한 복락(welfare)의 파괴로 이어지고, 그들은 중독에 빠져서 건강과 행복을 잃게 된다.

고전적 경제 원리를 보면 물질의 본질적 가치는 만족을 주는 능력에 달려 있다고 한다. 여기서 과다한 소비와 강한 만족은 긍정적 결과와 부정적 결과의 양쪽 측면이 있다는 것을 위의 예로부터 알 수 있다. 반면에 불교적 시각에서 보면, 재화와 용역의 혜택은 소비자에게 인생의 질을 높여서 만족하게 한다. 재화든 용역이든, 혹은 개인적 부이든 사회적인 부이든, 이런 단어들의 뜻은 이렇게 인생의 질이라는 측면에서 수정되어야 한다.

6

만족

만족이라는 주제에 대해서도 좀 다루고자 한다. 만족은 가끔 잘못 오해되고 있는 덕목이다. 그러므로 소비와 만족과 관련해서는 약간의 논의를 필요로 한다. 경제학의 암묵적인 목적은 '모든 수요와 욕구가 충족되고, 사회는 끝없이 성장하는 사이클로 계속 새로워지는 것'이다. 그리고 이러한 전체 메커니즘은 갈애(욕망)에 의해서 충동된다. 그러나 불교적 관점에서 보면 이러한 욕망 충족을 위한 지칠 줄 모르는 충동은 그 자체가 일종의 고통이다. 불교는 이런 종류의 욕망을 중지할 것을 권유하는 것이다.

제3장
경제 개념에 대한 불교적 시각

전통적인 경제학자들은 욕망이 없다면 모든 경제가 정지할 것이라고 한다. 그러나 이것은 만족의 본성에 대한 몰이해에서 비롯된 생각이다. 사람들은 만족에 대해서 잘못 알고 있다. 왜냐하면 사람들은 두 종류의 욕구, 즉 욕망(taṇhā)과 의욕(chanda)을 구분하지 못하기 때문이다. 사람들은 이 둘을 함께 묶어서 생각하는 오류를 범한다. 만족한 사람은 아무것도 원치 않는 사람으로 생각된다. 이것이 잘못된 생각이다.

분명히, 만족한 사람은 불만족한 사람보다 원하는 것이 적다. 그러나 만족(contentment)의 올바른 정의는 인위적인 요구(artificial want), 즉 욕망(taṇhā)이 없을 때를 의미한다고 규정되어야 한다.

욕망을 줄이고, 의욕을 격려하는 이 두 과정은 서로 돕는 관계이다. 우리가 물질적인 것들로부터 만족할 때, 우리는 욕망의 대상을 얻기 위해 낭비되는 시간과 노력을 줄일 수 있다. 그리고 이렇게 절약된 시간과 노력은 행복의 개발에 이용될 수 있는데 그것이 의욕(chanda)이다.

만족이 인간에게 늘 이로운 것만은 아니다. 능숙한 상태(skillful condition)는 노력을 통해서 이루어지기 때문이다. 의욕(chanda)과 관련된 너무 쉬운 만족은 쉽사리 안일과 무관심으로 이어진다. 이 연결에서, 붓다는 당신 자신이 스스로 얻은 깨달음은 크게 보아 두 가지, 부단한 노력과 만족하지 않는 마음 때문이라고 지적하였다.

욕망(ṭanhā)을 줄임	➡	만족
의욕(chanda)을 격려함	➡	성취

물질적인 것들로부터 만족할 때
욕망의 대상을 얻기 위해 낭비되는 시간과 노력은 줄일 수 있다.
그러나 만족이 늘 이로운 것만은 아니다.
만족은 쉽사리 안일과 무관심으로
이어질 수도 있기 때문이다.

7

일

불교와 전통 경제학은 일(work)에 대해서도 서로 다른 견해를 갖고 있다. 오늘날 서구 경제학 이론에서 '일'이란 소비에 필요한 금전을 얻기 위해서 강요받아야 하는 것, 싫더라도 해야 하는 것이라는 생각에 기초해 있다. 사람들이 행복과 만족을 느끼는 시간은 일하지 않는 때, 일하지 않는 동안, 혹은 노는 시간, 레저 타임이다. 이렇게 일과 만족은 별개로 인식되며, 반대의 것으로 인식된다.

그러나 불교에서 일이란 만족스러울 수도 있고 그렇지 않을 수도 있다. 그것은 두 종류의 욕구 중 어떤 것이 동기가 되었

붓다의 경제 코칭 ──
중도로 본 불교경제학

느냐에 따라서 달라진다. 일이 욕망이나 쾌락의 목적으로 행해질 때는 일의 직접적인 결과 자체는 그리 중요치 않다. 이러한 태도에서 일이란 원하는 바를 얻기 위한 불가피한 수단일 뿐이다. 이 두 가지 태도 차이는 '일이 직접적으로 행복에 이바지하는 것이냐, 아니냐'에 따라서 결정된다. 먼저의 경우 일이란 만족을 줄 수 있는 활동이고, 나중의 경우는 귀찮지만 의무적으로 해야 하는 일일 뿐이다.

작업	수단	목적	결과
욕망적 작업	일이 수단이고	욕망이나 쾌락, 돈벌이가 목적이 될 때	⇒ 괴로운 일이 된다.
의욕적 작업	일 그 자체가 목적일 때 수단 = 목적		⇒ 즐거운 일이 된다.

이 두 가지 자세의 예로, 두 명의 연구자를 생각해 보자. 이 두 사람은 모두 천연 재료를 활용한 농업용 살충제를 연구하고 있다. 첫 번째 연구자인 스미스 씨는 자기 연구의 직접적 결과(지식과 그 실질적 사용)를 갈구하고, 자기 일에 자부심을 갖는

제3장
경제 개념에 대한 불교적 시각

다. 그가 이룩하는 발견과 업적은 그에게 만족의 감정을 줄 것이다.

두 번째 연구자인 죠운즈 씨는 월급과 승진에만 관심이 있다. 지식과 활용, 작업의 직접적 결과는 그의 진정한 관심사가 아니다. 그의 작업은 단순히 돈과 지위를 얻기 위한 수단일 뿐이다. 그는 그의 일을 즐기지 않는다. 다만 해야 하기 때문에 할 뿐이다.

편안하고 행복한 삶을 향해 의욕을 가지고 행해지는 스미스 씨의 일은 내면적인 만족감을 줄 수 있다. 왜냐하면 그것은 그 자체로서 값있는 것이기 때문이다. 일에서 얻는 성취와 진전은 일이 발전하는 단계마다 성장의 느낌을 준다. 이것을 의욕적 작업(work with chanda)이라고 한다.

이와 반면에 욕망으로 임하는 죠운즈 씨의 일은 욕망적 작업(work with taṇhā)이다. 이러한 작업은 소비하고자 하는 욕망에 의한 것이다. 그러나 소비와 일이 동시에 이루어질 수 없기에 일 자체가 즐거움이나 만족감을 줄 수 없다. 그리고 이런 종류의 일은 만족감을 유보시키고, 더 나아가 일이 만족감에 대한 장애물로 느껴진다. 일이 소비에 대한 장애물로 느껴질 때 사람들은 괴로워한다. 이것은 여러 나라에서 월부, 외상, 부채, 부패 등으로 나타난다. 사람들은 월부로 물건을 들여놓기도 하고, 많은 빚을 지고, 도산하기도 한다. 즉, 욕망을 충족시킬 물질과 일 사이의 시간적 간격은 메워질 수 없다.

근대 산업경제에서는 근본적으로 노동의 만족이 처음부터 배제되거나 매우 얻기 어렵게 되어 있다. 공장의 작업은 지루하고, 단조롭고, 건강에 해로운 경우도 많다. 작업이 의욕을 꺾고 좌절시키기도 한다. 그러나 이런 의미 없는 작업 과정에서도 욕망적 작업과 의욕적 작업을 구분할 수 있다. 가장 단조로운 작업 과정에서도, 그리고 노동의 대상에 대해서 자신감을 갖기 어려운 상황에서도 일을 잘 수행하고자 하는 욕구, 자기 노력에 대한 존중감이 있다면 이 단조로움은 달래질 수도 있고, 일에서의 성취감도 얻을 수 있다. 노동이 단조롭더라도 최소한 인내심의 수련을 느낀다든지, 일에 대해서 어떤 열정을 만들어 낼 수는 있다.

우리가 이미 보았듯이 욕망의 추구는 쾌락에 필요한 물질들을 얻는 일을 수반한다. 이 추구가 행동을 포함하지만, 그러나 욕망의 대상은 수행하는 행위와 직접적으로 연관되어 있지 않다. 두 가지 다른 일을 보면서 여기에 내포되어 있는 인과 관계를 살펴보기로 하자.

1) 스미스 씨는 거리를 청소하고 한 달에 500달러를 번다.
2) 수지가 책을 읽으면 아빠가 영화관에 데려가 준다.

제3장
경제 개념에 대한 불교적 시각

일단 거리 청소가 스미스 씨가 급료를 받는 이유이다. 즉 거리 청소가 원인이고 급료는 결과인 것처럼 보인다. 그러나 이것은 잘못된 인과 관계이다. 옳게 말하자면, 거리를 청소하는 일은 거리가 깨끗해지는 원인이다. 거리 청소는 스미스 씨가 급료를 받기 위해 제시된 조건일 뿐이고, 사용자와 피고용인 사이의 약속일 뿐이다.

원인 ◯ 결과?		인과 관계	인과 사이의 성질
거리 청소	⇒ 급료	둘 사이에 인과가 성립되지 않는다. 급료는 단지 조건이고 약속일 뿐이다.	인위적 약속
거리 청소	⇒ 깨끗한 거리	둘 사이에는 직접적으로 인과가 성립한다.	자연적 인과

모든 행위는 자연적인 결과를 초래하는 성질을 가지고 있다. 거리 청소의 자연적인 결과는 거리 청결이다. 그리고 사용자와 피고용인 사이의 계약관계에 따라 이 자연적인 결과에 조건이 추가된다. 그래서 거리 청소가 급료 지급이라는 현상

붓다의 경제 코칭 ──
중도로 본 불교경제학

도 가져오게 된다.

그러나 이 급료 지급은 인간이 만든 규정이다. 돈은 거리 청소의 자연적인 결과가 아니다. 어떤 사람은 거리를 청소하고 돈을 벌지 못하기도 하고, 다른 많은 사람들은 거리 청소를 하지 않고도 돈을 잘 벌기도 한다. "돈이란 사회적으로 규정된 인위적 조건이다." 그러나 어느덧 사람들은 돈의 지불이 거리 청소의 자연스러운 결과라고 생각하기 시작했다. 혹은 의학을 공부하는 것이 훌륭한 의사가 되는 것이 목적이 아니라 돈을 버는 것이 목적이라고 생각하는 것이다. 현대의 많은 사회 문제들은 행위의 자연적 결과와 그것에 인간이 부여한 조건 사이의 혼란에서 일어난다.

수지 어린이에게 있어서도 책을 읽는 일이 원인이고, 아빠가 만화영화를 보여주는 일이 결과로 생각된다. 그러나 역시 책을 읽는 일은 아빠가 제시한 조건이었을 뿐이다. 책을 읽는 일의 진정한 결과는 즐거움을 얻은 것이다.

이 사례를 확대해 본다면, 스미스 씨의 일이 욕망적 작업이라면 그는 단지 500달러만을 원하는 것이요, 거리의 깨끗함을 원하는 것은 아니다. 실제로 그는 거리가 깨끗해지는 데는 관심이 없다. 단지 돈을 얻기 위해서 일을 할 뿐이다. 수지 어린이 역시 진정 원하는 것이 만화영화를 보는 일이었다면 독서 그 자체는 그 아이에게 만족감을 주지 못한다. 단지 수지는 영화를 보기 위해서 독서할 뿐이다.

사람들이 오로지 욕망을 위해서만 일을 한다면 그들은 소비를 원하는 것이지 행동을 원하는 것은 아니다. 그들의 행동, 즉 거리 청소나 독서는 욕망의 대상, 즉 급료를 받고 영화 구경을 하기 위한 수단일 뿐이다. 반면에 그들이 의욕으로 일을 한다면 스미스 씨는 거리 청소를 자랑스러워하고, 수지 어린이는 책에 들어 있는 지식을 소중히 생각할 것이다.

의욕과 함께라면 그들의 욕구가 행동을 위한 것이 된다. 청결이 거리 청소의 자연스러운 결과가 되고, 지식이 독서의 자연스러운 결과가 된다. 행동에 따라 자연스럽게 결과가 나타난다. 스미스 씨의 거리 청소는 청결을 보장한다. 수지 어린이가 책을 읽기만 하면 지식은 언제나 따라온다. 따라서 의욕과 함께라면 노동은 그 자체로서 인간에게 만족을 주는 것이 된다.

행동의 동기	욕망(taṇhā)에 의해서는	의욕(chanda)에 의해서는
스미스 씨의 거리 청소는	돈을 얻기 위해서	깨끗한 거리를 위해서
수지 어린이의 독서는	영화관에 가기 위해서	지식을 얻기 위해서

붓다의 경제 코칭 ——
중도로 본 불교경제학

이렇게 의욕(chanda)의 목적은 행동이고, 그에 따라 좋은 결과가 온다. 사람들의 행동이 의욕에 의한 것이라면 스미스 씨는 돈에 관계없이 거리 청소를 할 것이고, 수지 어린이는 영화를 보지 못하더라도 책을 읽을 것이다. 사실 대부분의 사람들은 돈을 벌기 위해서 일을 한다. 그러나 사람들이 그 일을 자랑스러워할 수도 있고 돈 때문에 마지못해 할 수도 있다. 실제로 사람들은 의욕(chanda)과 욕망(ṭanhā) 사이에서 여러 가지 정도 차이를 보인다.

위에서 본 것처럼, 의욕과 욕망이라는 각기 다른 동기로 이루어진 행동은 매우 다른 결과를 가져온다. 우리가 만일 욕망이 동기가 되어 단순히 일과 관계 없는 물건이나 소비 수단을 얻기 위해 일한다면 우리는 적게 노력하고도 바라는 바를 얻을 수 있는 방법들을 찾게 될 것이다. 만일 아무 일도 하지 않고도 원하는 것을 얻는다면 더욱 좋은 일이라고 생각하기 마련이다. 그러면 일을 해야 한다고 해도 마지못해 억지로 하게 될 것이다.

이것의 극단적인 형태가 범죄이다. 만일 스미스 씨가 돈을 원하지만 일을 할 뜻이 없다면 결국 도둑질에라도 의존하게 될 것이다. 만일 수지 어린이가 극장에 꼭 가고 싶으나 책을 읽지 않는다면 누구에겐가 돈을 훔쳐서라도 극장에 갈 것이다. 급료를 받겠다는 욕망만 있고 일을 하겠다는 의욕이 전혀 없다면 사람들은 오로지 의무로만 일을 할 것이며 일을 최소한으로만 할 것이다. 또한 무관심, 게으름, 한심한 작업 태도 같은 결과를 낳을 것이다. 스미스 씨는 급료를 받을 때까지 매일 그저 길거리를 쓰는 시늉만 할 것이요, 수지도 아빠가 책읽기를 끝내는 것을 보는 데만 관심이 있고, 독서 내용을 받아들이지는 않을 것이다. 아니면 전혀 읽지 않고서도 읽었다고 말할 수도 있다.

그런데 이런 식의 거짓말과 얼렁뚱땅한 행동이 현장에서 자꾸 일어난다면 이중으로 감시가 필요해진다. 그리고 상황의 복잡함만을 더해줄 뿐이다. 예를 들면, 스미스 씨의 일을 감시하고, 작업시간을 확인할 감독이 필요하다. 혹은 수지의 오빠가 옆에서 감독을 하고 진짜로 책을 읽었나를 검사해야 할 것이다. 이렇게 되면 감독 인원이 더 필요해진다. 또, 노동자 쪽에서 보면 탐욕스럽고 책임감 없는 고용주가 노동자를 혹사시키거나 비인간적인 작업조건에서 일하게 하는 것이다. 아니면 고용주가 급료를 정당하게 지급하지 않는가를 재판하기 위해서 노동자는 재판관을 필요로 하게 될 것이다.

이렇게 욕망이 동기가 될 때, 노동자와 고용주는 서로 지고 이기는 경쟁관계에 들어서게 된다. 그리고 이들은 가능한 한 적은 비용으로 서로를 이용하려고만 하게 된다.

한편, 욕망(tanhā)은 사회적 영향에 의해서도 상당한 정도로

붓다의 경제 코칭 ─
중도로 본 불교경제학

자극을 받는다. 예를 들어, 생산 수단의 소유자는 가능한 한 적은 비용으로 많은 돈을 벌려고 한다. 노동자들 또한 의욕을 많이 가지고 있다고 할 수도 없다. 그들은 대개 고용주가 하는 짓을 따라서 하고, 가능한 한 적게 노력하고 많은 돈을 받으려고 한다. 이는 현대의 공장에서도 자주 볼 수 있다. 풍요로운 사회가 될수록 이러한 경향은 더욱 심해지는데, 많이 가질수록 더욱 더 원하게 되기 때문이다. 현대 사회에서 내면의 만족과 평화는 갈수록 상실되는 것도 이러한 이유 때문이다.

그러나 흔치 않은 경우, 우리는 고용주나 노동자가 의욕에 차서 일하는 사례를 볼 수 있다. 이것은 고용주가 책임이 있고, 사려 깊고, 신뢰와 애정으로 일을 시킴으로써, 결과적으로 노동자들이 조화롭고 근면하게 일에 임하게 되는 경우이다. 사업주가 노동자들을 잘 돌보았다면 부도가 나더라도 노동자들이 희생적으로 일을 해서 회사가 다시 일어서게 되는 예도 있다. 혹은 노동자들이 자발적으로 급료를 덜 받기도 한다.

제3장
경제 개념에 대한 불교적 시각

8

생산과
비생산

생산(生産)이라는 말은 잘못된 말이다. 우리는 생산을 통해서 새로운 물건이 만들어진다고 생각하는 경향이 있다. 그러나 사실 그것은 단순히 상태만 바뀌는 것이다. 그것은 한 물질이나 에너지의 형태가 다른 것으로 바뀔 뿐이다. 이 전환에는 과거의 상태로부터 새로운 상태로의 변화를 수반한다. 그래서 생산이란 늘 파괴를 동반한다. 그런데 어떤 경우에는 이 파괴가 괜찮은 것이지만, 그렇지 않은 경우도 많다. 그래서 생산이란 생산 가치가 파괴 가치보다 우위에 있을 때에만 정당화될 수 있다.

붓다의 경제 코칭 ——
중도로 본 불교경제학

그러므로 어떤 경우에는 생산을 금지하는 것이 더 나을 때도 있는 것이다. 이것은 파괴를 위한 생산품의 경우에는 반드시 그러하다. 예를 들어, 군수산업에서라면 비생산이 항상 옳다. 또 자연 파괴나 환경 파괴로 이어지는 생산의 경우에도 종종 비생산이 더욱 옳다. 그러므로 이를 결정하기 위해서 우리는 긍정적 결과와 부정적 결과 사이의 중요성을 분간해야 한다. 즉 생산이 행복한 삶의 질을 높이는 생산인가, 그것을 파괴하는 생산인가를 잘 분간해야 한다는 뜻이다.

이런 측면에서 본다면 비생산(非生産)도 중요한 경제적 행위이다. 물질적인 측면에서 매우 적게 생산하는 사람은 동시에 세계의 자원을 훨씬 적게 사용하면서 자기를 둘러싸고 있는 세계에 혜택을 주는 인생이라 할 수 있다. 이런 사람은 지구 자원을 많이 소비하면서도 해로운 것들을 생산하는 사람보다 인생을 훨씬 더 값지게 사는 것이다. 그러나 현대 경제는 절대로 그러한 구분을 하지 않는다. 현대경제학은 적게 파괴하고 적게 생산하는 사람보다는 많이 파괴하고 많이 생산하는 사람을 칭찬한다.

산업사회 경제학에서, 생산이라는 단어는 아주 좁은 의미로 사용된다. 그것은 단지 매매가 될 수 있는 물건에만 적용된다. 투우 경기처럼 사람들이 소를 죽이는 것을 보러가는 데에는 돈을 내지만, 어린이나 나이든 노인이 길 건너는 것을 도와

주었다고 해서 경제적 가치를 인정하지는 않는다.

개그맨이 무대에서 개그를 해서 사람들을 웃기고 휴식을 주는 일은 경제적이 된다. 거기에는 돈이 왔다 갔다 하기 때문이다. 그러나 어떤 회사원이 아주 재미있는 말로 주위 사람들을 즐겁게 해 주었다고 해도 그 재능으로 인해서 무엇을 생산했다고 인정받지는 못한다. 또한 어떤 사람이 회사에서 늘 공격적인 언행을 하거나 계속 긴장을 유발시켜서 사람들이 그 긴장을 해소시키기 위해서 코미디 공연을 보러 간다고 해도 그 나쁜 행동에 대해서 어떤 경제적 손실 비용을 계산하지는 않는다.

생산이란 없던 것이 만들어지는 것이 아니다.
상태만 바뀌는 것이다
생산이란 파괴를 전제로 한다.

붓다의 경제 코칭 ——
중도로 본 불교경제학

9

경쟁과
협동

오늘날의 경제는 '경쟁이 인간의 본성'이라는 가정 위에 서 있다. 반면에 불교는 인간이 경쟁도 하지만 협동도 할 능력이 있음을 안다. 경쟁이란 자연적인 것이다. 사람들이 갈애에 의해서 욕망을 채우고자 할 때에는 격렬히 경쟁한다. 그리고 그러한 때에 사람들은 가능한 한 많이 가지려고 하며, 그러면서도 충분히 만족을 느끼지 못한다. 사람들은 바라는 대상을 얻고, 다른 누구와도 그것을 나누지 않고 독차지하면 더욱 좋다고 생각한다. 그러므로 경쟁은 필연적으로 치열해진다. 갈애에 의한 마음으로서는 당연한 일이다.

제3장
경제 개념에 대한 불교적 시각

그런데 우리는 이 경쟁적 본능을 다시 협동으로 향하게 할 수도 있다. 한 집단을 다른 집단과 경쟁시키는 방법으로도 결속시킬 수 있다. 예를 들어, 관리자는 경쟁자를 이기기 위해서 직원들을 함께 일하도록 채근한다. 그러나 이러한 협력은 전적으로 경쟁에 근거해 있다. 불교식으로 말한다면 '인위적인 협동'이 되겠다.

그러므로 진정한 협동은 행복한 삶을 향한 의욕(chanda)에 의해서 일어난다. 세계가 직면한 문제를 해결하고, 더욱 고상한 목표를 실현하기 위해서 사람들을 개발하려면, 어떻게 갈애가 아니라 의욕이 동기를 유발하며, 어떻게 경쟁이 아니라 협력으로 에너지를 바꿀 수 있는가에 대하여 우선 깊이 생각하여야 한다.

붓다의 경제 코칭 ——
중도로 본 불교경제학

10

선택

경제학 교과서는 "개인의 욕구가 진정한 수요인가 아니면 환상적 욕구인가는 중요치 않다. 그리고 그러한 욕구가 충족되어야 하는가, 아닌가에 대한 판단도 경제학이 할 일은 아니다."라고 한다. 그러나 불교적 관점에서 본다면 우리가 행하는 선택은 가장 중요한 것이고, 이러한 선택을 하는 데 선택의 대상들을 질적으로 평가할 필요도 있다. 선택은 의도(意圖)의 기능인데, 의도가 업(karma, kamma)의 중심이고, 업이 불교의 중심 가르침이다. 업의 영향력은 단지 경제 영역뿐만 아니라 우리 인생과 사회 그리고 자연환경 등 모든 영역에 미친다. 나쁜

제3장
경제 개념에 대한 불교적 시각

경제적 결정은 윤리적 반성을 결여하고 있기 마련이다. 그래서 그것은 나쁜 업이 된다. 그것들은 좋지 않은 결과를 가져오도록 되어 있다.

그런데 좋은 경제적 결정을 하려면 개인과 사회 그리고 환경의 세 가지 수준에서의 비용(즉 대가)에 대한 인식을 충분히 해야 한다. 그것은 단지 문제를 생산과 소비 사이의 관계로만 보는 것이 아니다. 경제적인 결정이 내려질 때마다 우리의 업이 지어지고, 그에 따라 즉각 좋고 나쁜 결과의 형성 과정이 진행된다. 그러므로 우리는 서로 다른 행동 과정 간의 질적 차이를 분간해 내고, 현명하게 선택하는 일이 중요하다.

좋은 선택, 좋은 결정 ◐ 좋은 업

나쁜 선택, 나쁜 결정 ◐ 나쁜 업

붓다의 경제 코칭 ——
중도로 본 불교경제학

11
인생관

이제 다시 뒤로 돌아가서 경제학을 좀 더 넓은 시야에서 보고자 한다. 우리는 지금 여러 가지 경제적 행위를 검토하였다. 우리는 이제 다음을 질문할 수 있다.

이 행위들의 목적은 무엇인가? 우리는 무엇을 위해서 이렇게 생산·소비·판매하는 일을 하는가?

혹은 더 큰 질문을 할 수도 있다. 인생의 목적은 무엇인가?

대부분 사람들은 그것을 의식하지 않지만 누구나 이 문제에 대해서 자기 견해를 가지고 있다. 그런데 불교의 가르침은 이러한 견해가 우리 인생에서 심대한 영향을 끼친다고 강조한

제3장
경제 개념에 대한 불교적 시각

다. 견해(인생관)에 대한 빨리어는 디티(ditthi)이다. 이 용어는 여러 수준의 견해를 모두 포함한다. 즉 개인적 의견이나 믿음, 이데올로기, 집단이 가지고 있는 종교적 견해, 정치적 견해, 혹은 전체 사회 문화가 가지고 있는 세계관 등이다.

이러한 견해는 정신적 상태나 지성적 논의의 영역을 훨씬 넘어서서 다양하다. 견해는 원인과 조건의 흐름과 연결되어 있다. 이것들은 주관적인 의식형성으로서, 대상 세계에서 결과를 만들어 낸다. 개인적 수준에서 개인의 세계관은 인생의 사건들에 영향을 준다. 그리고 국가적 차원에서 정치적 견해나 사회적 규범은 사회와 일상생활의 질을 결정한다.

그런데 훈련되지 않은 견해는 상상할 수 없는 피해(파괴)를 초래한다. 부처님께서는 이러한 견해가 모든 정신적 결과 중에서 가장 위험한 것이라고 경고하였다. 십자군의 폭력이나 나치즘, 공산독재 등 이 세 가지 재앙을 생각해 보면, 이들은 모두 극도로 다듬어지지 않은 견해에 의해서 촉발되었다. 반면에 잘 다듬어진 견해란 가장 우수한 정신적 상태이다. 부처님께서는 "비구들이여, 일어나지 않은 거친 조건의 일어남보다 더욱 나쁜 조건을 보지 못했다."라고 말씀하셨다.

여기서 질문이 제기된다. 오늘날 경제학의 이면에는 어떤 인생관이 있는가? 거친 것인가, 아니면 다듬어진 것인가? 지나치게 단순화하는 점이 있지만, 오늘날 사람들의 인생 목표가 '행

붓다의 경제 코칭 ——
중도로 본 불교경제학

복의 추구'에 있다고 하자. 이 견해는 현대 사회에서 아주 일반적이어서 거의 의문시되지 않는다. 그런데 바로 발달이라는 개념은―사회적·경제적·과학적·정치적 발달은―모든 사람이 행복하게 되는 일이 사회의 목표라고 상정한다. 미국 독립선언서는 이 이념을 표현하여 "인간의 권리는 자유와 행복의 추구"라고 표현했다.

좋은 뜻으로, 행복이 인생의 목표라고 하지만, 그러나 그것은 진실에 있어서 근본적인 혼란을 준다. 행복이란 잘못된 정의이고, 환상적인 것이다. 많은 사람들은 행복을 감각적 즐거움이나 욕구의 만족으로 생각하지만, 이런 사람들에게 있어서 행복이란 멀고먼 조건일 뿐이다. 그들에게 있어서 행복이란 외부에 있는 어떤 것이고, 추구해야 할 미래의 것이다. 그러나 실은 행복이란 누가 추구해서 얻어질 수 있는 것은 아니다.

불교적 관점으로 보면, 사람들은 자주 갈애(taṇhā)를 행복의 추구와 혼동한다. 이것은 물론 다듬어지지 않은 견해이다. 왜냐하면 갈애의 갈구는 절대로 충족될 수 없기 때문이다. 만일 행복에 대한 추구가 갈애의 대상에 대한 추구라면 인생은 비극이 될 것이다. 이 불행한 견해의 결과를 보기 위해서라면 "수많은 현대 도시의 끝없는 쾌락공간에서 찌들어가는 고뇌에 찬 현대인들의 모습"을 보는 것만으로도 충분하다. 이렇게 갈애로 인한 행복 추구는 종종 개인을 만족과 평안으로 인도

제3장
경제 개념에 대한 불교적 시각

하지 않으며, 사회 속에서 끝없는 투쟁과 환경 파괴로 이끌기
도 한다.

> 다듬어지지 않은 견해 = 갈애를 행복 추구로 혼동한다.
> 다듬어진 견해 = 현재에 충실한다.

반면에 불교적 인생관은 훨씬 덜 이상적인 듯이 보이지만,
훨씬 더 실제적이다. 부처님은 다만, "고(苦)가 있다"고만 하셨
다. 고는 불교의 중심 가르침인 4성제의 첫 번째이다. 그리고
고가 무엇인지 계속 말씀하셨다. "태어남은 괴로움이다, 늙음
은 괴로움이다. 병듦은 괴로움이다. 죽음은 괴로움이다. 슬픔·
비통함도 괴로움이다. 좋은 사람과의 헤어짐도 괴로움이다. 미
운 사람과의 만남도 괴로움이다. 구하는 것을 구하지 못함도
괴로움이다…"

이것들이 인생에서 존재하고, 모두 즐겁지 않은 것들이라는
데는 의문의 여지가 없다. 그러나 우리 사회는 이것들을 부인
하는 경향이 있다. 사람들은 "죽음이란 피할 수 없는 것"이라
는 생각을 별로 하지 않는다. 그러나 부인한다고 해서 없어지

는 것은 아니다. 그래서 부처님은 고에 관해서 잘 인식해야 한다고 하셨다. 4성제의 첫 번째는 "모든 것들은 지나가고, 결국에는 물질세계 내에서 안전한 곳은 없다"는 것이다. 부처님께서는 사람들에게 고를 직면하도록 촉구하셨다. 이것은 인생에서 고통스럽지만 분명하고 기본적인 사실이다.

4성제의 두 번째는 고통의 원인에 대한 설명이다. 부처님은 고통의 원인이 무지(혹은 무명, ignorance)에 근거한 갈애(tanhā)라고 말씀하셨다. 바꾸어 말하면, 고통의 원인은 내면적인 것이라는 말이다. 고통의 원인은 외부에 있지 않다.

"그렇다면 늙음이 갈애 때문에 생기는가?"

이렇게 물을 수 있다. 그러나 늙음을 가져오는 것이 갈애는 아니지만, 젊음에 대한 갈구는 고통의 원인이다. 따라서 늙음은 피할 수 없는 것이지만, 갈애는 피할 수 있는 것이다.

이렇게 갈애는 피할 수 있는 것이고, 그것이 4성제의 세 번째인 멸제, 즉 고통의 소멸이 된다고 부처님께서는 말씀하셨다. 갈애를 완전히 버림으로써 고통은 끝이 난다. 그러나 어떻게 그것이 가능한가? 그것은 4성제의 네 번째가 말해주고 있다. 그것은 고통을 끝낼 수 있는 방법을 뜻하는데, 바른 이해[正見], 바른 말[正語], 바른 생각[正思], 바른 행동[正行], 바른 직업[正命], 바른 노력[正精進], 바른 집중[正念], 바른 명상[正定]을 말한다.

제3장
경제 개념에 대한 불교적 시각

4성제를 보면 부처님의 가르침은 분명히 현대 사회의 상식과는 매우 차이가 난다. 부처님께서는 "고통이 있다"고 하시지만. 사람들은 "행복이 있고, 나는 그것을 원한다"고 한다. 느낌에서의 이러한 단순한 차이가 대단히 많은 것을 내포한다. 인생의 목적을 행복에 대한 추구라고 보는 사회에서는 사람들은 쉴 사이 없이 어떤 미래의 꿈을 좇는다. 그들에게 행복이란 원천적으로 결여된 것이고, 그것은 다른 어떤 곳에서 찾아져야 할 것으로 생각된다. 이러한 견해에 따라서 불만족과 불평, 고통을 견디기 힘듦이 생기고, 현재의 순간에 대한 관심을 잃게 된다.

반면에, 고통의 실재를 잘 살피는 인생관에서는 현재의 순간에 더욱 관심을 집중하게 되고, 문제가 생길 때 그것을 잘 인식할 수 있게 된다. 우리는 행복을 쟁취하기 위해서 다른 이들과 경쟁하는 것이 아니라, 문제 해결을 위해서 다른 사람들과 협력해야 한다. 이러한 견해는 또한 우리의 경제적 선택에도 영향을 준다. 우리의 생산과 소비는 감각적 만족의 추구(tanha)보다는 고통을 달래는 쪽(chanda)으로 향하게 된다. 만일 이러한 불교적 관점이 국가적 차원이나 세계적 차원에서 이루어진다면 우리의 경제는 고통이 없는 상태를 만들어 낼 수 있게 될 것이다.

우리는 고(苦)에 대한 이해를 통해서만 행복의 가능성을 깨

붓다의 경제 코칭 ──
중도로 본 불교경제학

달을 수 있다. 여기에서 불교는 행복의 두 가지 종류를 구분한다. 의존적 행복과 독립적 행복이 그것이다. 의존적 행복이란, 외부의 대상물을 필요로 하는 행복이다. 그것은 물질적 세계, 재산, 가족, 명예 등에 의해서 오는 행복이다. 이 의존적 행복은 궁극적인 의미에서 절대로 자신의 것이 될 수 없는 것들에 의존하기 때문에 불확실하고, 변덕스러운 것이다.

반면에 독립적 행복이란 잘 훈련된 마음의 내부에서부터 일어나는 행복이며, 일정 정도로 내면의 평화로부터 얻어지는 행복이다. 그러므로 이러한 행복은 외부의 것들에 의해서 좌우되지 않고, 훨씬 더 안정적이다.

의존적 행복은 물질을 얻기 위한 갈등에서 경쟁과 투쟁을 불러일으킨다. 그러므로 이러한 과정으로 얻어지는 어떤 행복이라도 경쟁적이고 투쟁적이다.

그런데 세 번째 종류의 행복이 있는데, 진정한 독립적 행복은 아닐지라도, 투쟁적 행복보다는 세련된 것이 있다. 그것은 이타적인(박애적인) 것에 기반하는 것으로서, 선의와 자비심에 의한 동기로 행하고, 진정한 행복을 향한 것이다. 사람들은 개인적인 훈련을 통하여 이러한 종류의 진정한 행복을 맛볼 수 있다. 이것은 바로 다른 사람들에게 행복을 주고자 하는 욕구이다. 이것을 불교 용어로는 자비(metta)라고 한다. 이런 종류의 방법으로 우리는 다른 사람의 행복을 통해서 기뻐할 수 있

제3장
경제 개념에 대한 불교적 시각

다. 마치 부모들이 아이들의 행복을 보고 기뻐하는 것과 같다. 이러한 행복을 경쟁적 행복과 구분해서, '조화로운 행복'이라고 불러도 될 것이다. 이는 물질의 획득에 덜 의존적이고, 받기보다는 주는 데서 일어나는 행복이다. 비록 이런 행복이 온전히 독립적이지는 않더라도 이기적인 획득으로 얻어지는 행복보다는 훨씬 다듬어진 행복이다.

가장 확실한 행복은 깨달음을 통한 해탈이다. 참선을 하고 공부를 해서 마음을 수련하고 내면의 만족을 얻는 것은 소비사회의 불만족을 해소시키는 강력한 해독제이다. 그리고 내면의 고요함에 대한 명철함은 인생의 모순에 대한 깊은 통찰력을 준다. 우리가 행복을 찾아 애쓰면 고통을 얻게 되지만, 고통을 이해하면 평화를 얻게 된다.

의존적 행복	경쟁과 투쟁을 일으킨다.
독립적 행복	안정적이고 평화적이다.
조화로운 행복	다른 사람들에게 행복을 주고자 하는 욕구

붓다의 경제 코칭 ——
중도로 본 불교경제학

제4장

부의 획득과 사용

1

부(富)에 이르는 길
열반에 이르는 길

    사람들은 대부분 불교를 금욕적인 종교라고 생각한다. 하지만 사실 부처님은 깨달음을 얻기 전에 이미 금욕주의를 그만두셨다. 따라서 불교에 관해 언급할 때 금욕주의라는 단어의 뜻이 매우 애매하므로 명확한 의도가 없다면 사용하지 말아야 한다.

    가난이라는 용어 역시 오해를 일으키기 쉽다. 그보다는 오히려 소욕(少欲)이나 지족(知足)이 불교에서 익숙한 개념이다. 불교 어디에서도 가난을 칭찬하거나 장려하지 않았다. 부처님께서는 "감각적 쾌락을 즐기는 이에게 가난은 괴로움이고, 가

제4장
부의 획득과 사용

난과 빚은 비참한 일이다."라고 말씀하셨다.

사실 불교경전에서 부유한 사람 몇몇이 자주 칭찬을 받거나 장려되는 것만 보아도 부(富)를 추구할 만하다는 것은 분명하다. 재가신도 가운데 잘 알려진 사람들, 불교 교단에 도움이 되었으며 부처님의 찬사를 받은 이들은 대부분 아나타삔디까(Anāthapiṇḍika, 급고독 장자)처럼 부유한 사람들이었다.

스님들은 부를 추구하지 않았지만, 그래도 사람들은 공양을 자주 받는 스님들이 훌륭하다고 생각하곤 했다. 예를 들어, 시발리 장로(Thera Sivali)는 공양을 받는 이 가운데 제일이라고 부처님께서 칭찬하셨다. 그렇지만, 이러한 견해는 명확하게 의미를 규정해야 한다.

말하자면, 중요한 점은 부 자체가 칭찬이나 비난을 받는 것이 아니라, 부가 취득되거나 활용되는 방식이다. 위에서 언급한 스님들은 부를 취득했다고 비난받지는 않지만, 그렇다고 가난하다고 칭찬받지도 않는다. 다만 재산을 가지려는 탐욕이나 부를 취득, 축적하려는 인색함과 집착이 비난받아야 한다는 것이다. 바른 수행에 도움이 되거나 승단의 동료들에게 유익하다면 부를 취득해도 인정을 받는다.

다른 한편으로는 이는 스님들에게 개인 재산을 지니라고 권장했다는 뜻이 아니다. 정당한 재산이란, 개인이 아니라 승단에 속하고, 율장이나 수행청규로 허용된 범위 안에 있어야 한다. 만약 스님의 개인 재산이 많다면 이는 그 스님이 탐욕스럽고 집착이 많다는 증거가 된다. 그 스님은 불교도의 원리를 따른다는 평판을 들을 수 없다.

스님은 기본적인 생활필수품 외에는 갖지 말아야 한다. 여기에서 부유하거나 가난한 것은 문제가 아니다. 스님들은 다른 사람으로부터 개인적인 수발을 받지 않도록 해야 하고, 언제라도 쉽게 움직일 수 있으며, 만족하여 바라는 것이 없어서 다른 사람들의 물질적 지원으로부터 독립하여야 한다. 즉 자기 자신의 생활을 유지하기 쉽게 만드는 것이 중요하다. 쉽게 움직일 수 있고, 개인적인 보살핌도 없도록 할 수 있다면 스님들은 자신들의 시간과 에너지를 개인적 완성이나 사회적인 선행, 어쨌든 좋은 일에 쓸 수 있다.

> "옷은 몸을 보호하는 것으로 족하게 걸치고,
> 탁발한 음식은 배를 유지하는 것으로 족하게 하고,
> 어디에 가든지 오로지 이것들만을 가지고 다닌다.
> 날개를 가진 새는 어디로 날든지
> 날개만을 유일한 짐으로 하여 날아다닌다."[4]

---

4   AN. II. 209.

제4장
부의 획득과 사용

이렇듯, 스님은 선(善)을 증진하고 불선(不善)을 포기하는 것과 동시에, 물질에 만족하고 욕망을 축소해야 칭찬을 받는다. 또한, 설사 만족하고 욕망을 축소하더라도 그것이 자기만족이나 게으름이 아니라 노력과 근면을 동반해야 한다. 스님들은 무엇을 얻든 만족해야 한다. 그래야 개인적 정진과 다른 사람의 행복에 자기 시간과 에너지를 쓸 수 있기 때문이다. 달리 말하면 스님이 재산을 많이 얻는 것이 좋을 수는 있지만, 그것을 소유하거나 축적하면 좋지 않다. 차라리 많이 얻어서 많이 주는 것이 좋다.

> "또한 수행승들이여, 그는 옷이든 탁발음식이든 좌구든 약이든, 공양 받은 것에 만족한다. 또한 수행승들이여, 그는 언제나 나쁜 점을 제거하고 좋은 점을 증진하기 위해 끈질기게 정진하며 그의 의무를 저버리지 않는다."[5]

> "두 개의 길이 있다. 하나는 부에 이르는 길이고, 또 하나는 열반에 이르는 길이다. 만약 부처님의 제자인 수행승이 이를 배웠다면 그는 명예를 바라지 않고 혼자 사는 길

---

5   DN. III. 226, 296; AN. V. 23(전재성 역주, 「수호의 경」, 『앙굿따라니까야』, 한국빠알리성전협회, 2018, p. 2029).

붓다의 경제 코칭 ——
중도로 본 불교경제학

을 갈 것이다."[6]

앞에서 언급한 대로, 부처님께서 재가 불자들에게는 가난을 장려한 사례가 없다. 반면, 경전 여러 곳에서 재가 불자들에게 바른 방법으로 부를 추구하고 축적하도록 권하는 구절이 나온다. 부유한 것은 선업(善業)과 선과(善果) 중의 하나였다.[7] 다만 부를 정직하지 않은 방법으로 얻으면 비난을 받는다. 또한 부를 얻었더라도 그것의 노예가 되어 그 결과로 고통을 받는 것도 비난받을 만하다. 적법하지 않게 부를 얻는 것이 비난받는 일인 만큼, 인색하게 부를 축적하고 자신과 가족 또는 다른 사람들을 위해 재산을 쓰지 않는 것도 비난받는다. 게다가 부를 제멋대로 탕진하거나 그것으로 다른 사람에게 고통을 유발시켜도 비난을 받는다.

"수행승들이여, 만약 사람들이 보시의 훌륭한 과보를 잘 안다면 그들은 재물을 나누어주지 않고서는 편안하지 못

---

6   Dhp. 75(전재성 역주, 『법구경-담마파다』, 한국빠알리성전협회, 2016, p. 371. "하나는 이득을 위한 수단이고 다른 하나는 열반의 길이다. 이와 같이 곧바로 알아 수행승은 깨달은 님의 제자로서 명성을 즐기지 말고 멀리 여읨을 닦아야 하리." 참조).

7   AN. II. 204의 「출라카마위방가 경」에서 그 예를 본다.

제4장
부의 획득과 사용

할 것이고, 인색함에 마음이 걸릴 것이다. 설사 마지막 재산 한 줌, 음식 한 부분만 남았더라도 베풀 사람이 있다면 나누어주지 않고는 편안하지 못할 것이다."[8]

훌륭하고 칭찬받을 만한 부유한 사람들이란, 정당한 방식으로 부를 추구하고, 자신과 다른 이들의 선과 행복을 위해 그것을 쓰는 사람들이다. 따라서 재가신도 가운데는 자발적으로 재물을 보시하여 승단을 후원하고, 가난한 사람들의 고통을 덜어준 부자가 여럿 있었다. 예를 들어 급고독 장자로 불린 아나타삔디까는 매일 스님 수백여 명에게 공양을 올리고, 가난한 사람들 수백여 명에게도 음식을 제공하는 데 많은 재산을 썼다[9]고 전해진다. 물론 유능하고 정의로운 지배자나 또는 올바르고 효과적인 정부가 통치하는 이상적인 사회라면 가난한 사람들이 없을 것이고, 또한 모든 이들이 최소한 자신의

---

8   It. 18(전재성 역주, 「보시와 나눔의 경」, 『이띠붓따까』, 한국빠알리성전협회, 2016, p. 80, 269. "수행승들이여, 내가 알듯이, 뭇삶들이 보시와 나눔의 과보를 안다면, 그들은 보시하지 않고는 먹지 않을 것이고, 간탐의 티끌로 물든 마음을 붙잡고 있지 못할 것이다. 가령 최후의 한 입, 최후의 한 모금이라도, 그것을 수용하는 자들이 있다면, 나누지 않고는 먹지 않을 것이다. 수행승들이여, [19] 내가 알듯이, 뭇삶들이 보시와 나눔의 과보를 알지 못하므로, 그들은 보시하지 않고 먹고, 간탐의 티끌로 물든 마음을 붙잡고 있는 것이다." 참조).

9   DhpA. I. 151-154(전재성 역주, 『법구경-담마파다』, 한국빠알리성전협회, 2016, p. 272 참조).

붓다의 경제 코칭 ──
중도로 본 불교경제학

삶을 영위할 수 있을 것이다.

　그래서 대중은 불교가 금욕적인 종교라고 생각하지만, 불교
는 물질적 안락이 행복에 기여하는 역할을 인정하며 재가신
도에게는 바른 방법으로 부를 축적하여 베풀라고 가르친다.
그러나 궁극적으로 불교는 인간의 잠재성을 증진시키는 것을
목적으로 하고, 이런 면에서 물질적인 부는 부차적이라고 여
긴다. 행복에 도움이 되도록 경제활동을 하는 것은 수행에 도
움이 되나, 부를 축적하는 것 자체는 수행에 도움이 되지 않
는다는 것이다.

제4장
부의 획득과 사용

2

바르게 벌어서 베풀라
[正命]

8정도 가운데 하나인 정명은 그것이 만들어 내는 물질적 부의 양이 아니라 그것이 일으키는 행복의 양으로 정해진다. 부를 넘치도록 생산하는 여러 가지 직업들은 참된 욕구를 만족시키는 것이 아니라 그저 욕망을 채울 뿐이다.

사람은 직업을 통해서 생존에 필수적인 네 가지, 즉 음식·의복·주거·약품을 얻는다. 그렇다고 이 사의(四依)를 충분히 또는 여유롭게 얻는 것이 최종 목적은 아니다. 반면에 이 네 가지 필수품을 얻어야 그것을 기반으로 더 고귀한 목적을 위한 노력을 할 수 있다.

어떤 사람들은 꼭 필요한 만큼만 소유하고 최소한의 물질
에 만족하며 모든 에너지를 수행에만 사용한다. 다른 이들은
생필품이 그렇게 적으면 살 수 없다고 하며, 물질적인 재화에
더 의존한다. 그래도 그들이 다른 이들을 착취하지 않는 한 불
교는 그 사람들의 부유함을 비난하지는 않는다. 더욱이 자선
활동에 마음을 내는 사람들은 전체적으로 보아 사회에 이익
이 되는 방향으로 자신들의 부를 사용할 수도 있다.

불교는 세속적 가치와는 반대로 물질적 부를 근거로 개인이
나 국가의 가치를 평가하지는 않는다. 그렇다고 해서 마르크
스주의 사상가들처럼 반대쪽 극단으로 치우쳐서 부를 축적하
는 것이 본질적으로 악이라고 비난하지도 않는다. 불교는 부
를 얻고 사용하는 방식을 근거로 해서 그 윤리적인 가치를 판
단한다.

제4장
부의 획득과 사용

3

인색함은 악이다

부와 관련된 악(惡)에는 세 가지가 있다. 하나는 부도덕한 방법으로 그것을 얻는 것이고, 또 하나는 해로운 목적을 위해 그것을 사용하는 일이다. 세 번째는 부를 축적하기만 하는 것, 즉 재산을 다른 이와 나누지도 않고, 좋은 일에 쓰지도 않는 것이다. 이러한 측면에서 불교는 인색함은 악이라고 분명히 말한다.

어느 때 코살라국의 빠세나디 왕이 부처님을 방문했다. 왕은 부처님께 "연로하고 부유한 사람이 최근에 죽었는데, 그 엄청난 재산을 상속할 사람이 없다"고 말했다. 그래서 국왕인 자신이 그 사람의 재산을 국고로 옮기는 작업을 감독하고 왔다고 하였다. 빠세나디 왕은 그가 옮겨야 했던 재산의 양을 묘사했는데, 그에 따르면 금화가 팔백만 개였으니, 은화는 셀 수 없을 만큼 많다는 것을 말하지 않아도 알 수 있었다. 그리고 그 연로하고 인색한 이는 살아 있을 때에는 상한 밥과 시큼한 식초만 먹고, 남루한 옷 세 벌만 입으며, 허름한 바나나 잎 차양이 달린 낡은 수레를 타고 다녔다고 한다. 부처님은 그 일에 대하여 다음과 같이 말씀하셨다.

"대왕이여, 그렇습니다. 참사람이 아닌 사람은 막대한 부를 얻고도 스스로를 즐겁게 하지 못하고 기쁘게 하지 못하며, 부모를 즐겁게 하지 못하고 기쁘게 하지 못하며, 처자를 즐겁게 하지 못하고 기쁘게 하지 못하며, 하인과 심부름꾼과 고용인을 즐겁게 하지 못하고 기쁘게 하지 못하며, 친구를 즐겁게 하지 못하고 기쁘게 하지 못하며, 수행자나 성직자를 즐겁게 하지 못하고 기쁘게 하지 못하여, 위로 올라가서 하늘나라로 인도되어 좋은 과보를 받게 하고 하늘나라에 태어나게 하는 보시를 하지 못합니다.

재산들을 이와 같이 올바로 사용하지 못하면 국왕에 의해서 몰수되고, 도적에게 빼앗기고, 불에 타고, 물에 떠내려가게 되고, 자기 마음에 들지 않는 상속인에게 박탈당

제4장
부의 획득과 사용

하게 됩니다. 재산을 올바로 쓰지 않는다면 이와 같이 두루 사용되지 못하고 없어져 버리고 맙니다. 그의 부(富)는 사람이 살지 않는 곳에 있는 연못과 강과 같습니다. 그물이 아무리 깨끗하고 시원하고 맛이 좋고 빛깔이 투명하고 제방이 잘 갖추어져 아름답더라도 그 물을 사람이 나르지 못하고, 마시지 못하고, 목욕하지 못하고, 인연에 따라 사용하지 못하면 아무 소용이 없습니다.”

“그러나 참사람은 막대한 부를 얻으면 스스로를 즐겁게 하고 기쁘게 하며, 부모를 즐겁게 하고 기쁘게 하며, 처자를 즐겁게 하고 기쁘게 하며, 하인과 심부름꾼과 고용인을 즐겁게 하고 기쁘게 하며, 친구를 즐겁게 하고 기쁘게 하며, 수행자나 성직자를 즐겁게 하고 기쁘게 하여 위로 올라가서 하늘나라로 인도되어 좋은 과보를 받게 되고 하늘나라에 태어나게 하는 보시를 합니다.

그의 재산이 이와 같이 올바로 쓰이므로, 국왕에 의해서 몰수되지 아니하고, 도둑에게 빼앗기지 않고, 불에 타지 않고, 물에 떠내려가지 않게 되고, 자기 마음에 들지 않는 상속인에게 박탈당하지 않습니다. 재산이 올바로 쓰이면 이와 같이 없어져 버리지 않고 두루 사용됩니다. 그의 부는 촌락이나 또는 도회지에서 멀지 않은 지역에 있는 연못과 같습니다. 그 물이 깨끗하고 시원하고 맛이 좋고 색깔이 투명하고 제방이 잘 갖추어져 아름다우므로 그 물을 사람이 나르기도 하고, 마시기도 하고, 목욕하기도 하고 인연에 따라서 사용하기도 합니다."

사람이 없는 곳에 시원한 물이 있어도
마시지 않으면 말라 없어지는 것같이
비천한 자가 부를 얻으면
스스로도 사용하지 않고 남에게 주지도 않네.

현명하고 슬기로운 자가 부를 얻으면
스스로도 쓰고 해야 할 일을 하며
훌륭한 이는 친지와 참 모임을 돌보아
비난받지 않고 하늘나라에 이르네.[10]

"대왕이여 세상에 막대한 재화를 획득하고서도 거기에 취하지 않고 방일하지 않고 감각적 쾌락의 욕망에 빠지지 않고 중생들에게 죄를 짓지 않는 사람은 많지 않습니

---

10   SN. I. 89-91(전재성 역주, 「아들 없음의 경」, 『쌍윳따니까야』, 한국빠알리성
      전협회, 2014, p. 131 참조).

제4장
부의 획득과 사용

다. 세상에 막대한 재화를 획득하고서 거기에 취하고 방일하고 감각적 쾌락의 욕망에 빠지고 중생들에게 죄를 짓는 사람은 많습니다."[11]

경전의 다른 부분에서는 다른 사람들이 그 인색한 사람을 '마이하카 새'라고 불렀다고 한다. 그 새는 무화과나무에서 사는데, 다른 새들이 나무에 모여 과일을 먹을 때 마이하카 새는 거기에서 "마이하카, 마이하카(내 것이야 내 것이야)"라고 하며 운다고 한다.[12]

요약하자면, 부와 연관된 해로운 행동이 세 가지 있다. 즉, 정직하지 않거나, 윤리적이지 않은 방식으로 부를 추구하는 것, 그 자신만을 위해서 부를 축적하는 것, 그리고 해로운 방법으로 부를 사용하는 것이다.

---

11   SN. I. 74(전재성 역주, 「적음의 경」, 『쌍윳따니까야』, 한국빠알리성전협회, 2014, p. 119 참조).

12   J. III. 299-302.

붓다의 경제 코칭 ──
중도로 본 불교경제학

4

부의 한계를
자각하라

부유하면서도 덕성을 지닌 이는 자기 자신과 남을 위한 선업을 닦는 데에 부를 사용한다. 그러나 참으로 현명한 이는 또한 부만으로는 자신을 자유롭게 할 수 없다는 점을 알고 있다. 다음 인용문에서 부처님은 부의 한계를 설명하시며 우리들은 물질적인 소유보다는 고귀한 것을 얻으려고 노력해야 한다고 타이르신다.

착한 의지, 밝은 지혜, 삼매의 상태,
계행과 올바른 생활로

제4장
부의 획득과 사용

사람은 청정해진다네.
가문이나 재산으로
청정해지는 것이 아니라네.[13]

세상에서 부유한 사람들을 보건대
어리석어 재산을 얻어도 보시하지 않으니
탐욕스럽게 재물을 쌓아두고
점점 더 감각적 쾌락만을 열망한다네.

왕은 폭력으로 땅을 정복하고
바다에 이르기까지 전 국토를 다스리며,
바다의 이쪽에 만족하지 않고
바다의 저쪽마저도 갖기를 원한다네.

왕뿐만 아니라 많은 사람들은
갈애를 떨치지 못하고 죽음을 맞아
불완전한 채로 몸을 버리니
감각적 쾌락에는 만족이 없다네.

13　MN. III. 258(전재성 역주, 「아나타삔디까에 대한 가르침의 경」, 『맛지마니까야』, 한국빠알리성전협회, 2009, pp. 1537-1544 참조).

붓다의 경제 코칭 ——
중도로 본 불교경제학

친지들은 머리카락을 풀어헤치고
오! 나의 사랑하는 이가 죽었다고 울부짖지만
수의로 그를 감싸서 운반하고는
장작더미를 모아 불태워 버린다네.

재산은 버려지고, 한 벌 수의만 입혀지고
불 꼬챙이에 찔리며 불태워지니
죽어가는 자에게는 친족도
벗들도 친구들도 피난처가 되지 못하네.

상속자가 재산을 다 가져가고
죽은 사람은 그 업에 따라 저 세상으로 가네.
죽은 자에게는 재산이 따라다니지 않으니
처자도 재산도 땅도 또한 마찬가지라네.

돈으로 장수를 얻지 못하고
재산으로도 노쇠를 면할 수 없네.
인생은 짧고 무상하고
변화하는 것이라고 현자는 말한다네.

부유한 자나 가난한 자나 죽음과 만나고

제4장
부의 획득과 사용

현명한 자나 어리석은 자도 그렇지만
어리석은 자는 그 어리석음에 얻어맞아 누웠지만
현명한 자는 죽음과 만나도 두려움이 없다네.

그러므로 지혜가 재산보다 탁월하고
지혜를 통해 궁극적인 목표를 이룬다네.[14]

---

14   MN. II. 72-73(전재성 역주, 「랏타빨라의 경」, 『맛지마니까야』, 한국빠알리성
전협회, 2009, pp. 911-912 참조); Thag. 776-784(전재성 역주, 「랏타빨라의
경」, 『테라가타-장로게』, 한국빠알리성전협회, 2016, pp. 1010-1012 참조).

붓다의 경제 코칭 ——
중도로 본 불교경제학

부(富)를 잘 쓰면
선(善)의 자원이 된다

참된 재가자는 적법하게 부를 추구하고, 그것을 건설적인 목적에 사용하는 데 그치지 않고, 그것에 집착하거나 홀리거나 노예가 되지 않는 정신적 자유를 누린다. 여기가 바로 세간과 출세간이 만나는 지점이다. 부처님은 재가자, 즉 감각적 쾌락과 함께하는 사람들을 다양한 등급으로 나누신다. 그 기준은 부를 추구하는 수단이 적법한가 아닌가, 부를 자신과 다른이의 행복을 위해서 사용하는가 아닌가, 부를 다루면서 탐욕과 집착에 빠지는가, 아니면 지혜와 정신적인 자유를 누리는가 등이다. 가장 고귀한 사람은 다음과 같이 세간과 출세간의 양쪽에서 인생을 누린다.

세간적 영역

1. 적법하고 정직하게 부를 추구한다.
2. 자신이 무엇을 필요로 하고 있는지를 인식한다.
3. 부를 다른 사람들과 나누고, 칭찬받을 만한 행위를 한다.

초월적 영역

1. 탐욕·갈망에 탐닉하지 않으면서 부를 사용하고, 그것
   의 위험성에 유의하며, 정신적 자유를 유지하려고 자기
   를 성찰한다.

이러한 사람은 개인적 완성으로 나아가는 사람이니, 다른 사람들은 그를 '성스러운 제자'라고 부른다. 여기서 인생에서는 세간적인 것과 초월적인 영역 사이의 공존이 가능하다는 점에 특별히 유의해야 한다. 이 둘이 합쳐져서 불교윤리라는 전체를 이룬다.

부는 쓸모가 많지만, 그렇다고 너무 중시해서도 안 된다. 더욱이 열반이라는 목표를 실현하는 것과 관련해서는 부의 한계를 인지해야 한다. 세속적 차원에서 가난은 피해야 할 것이지만, 가난한 사람이라고 해서 자기 자신과 사회를 위해 선행

붓다의 경제 코칭 ——
중도로 본 불교경제학

할 방법이 없는 것이 아니다. 공덕을 짓는 열 가지 방법 중 첫 번째가 보시인데, 물질적인 보시 외에도 도덕적 행동, 정신적 측면의 수행, 봉사하는 것, 그리고 불법을 가르치는 행위 등도 포함된다. 사람들은 가난에 지친 나머지 자신을 완성시키기 위한 무언가를 하는 것보다는 생존 경쟁에 사로잡히기 쉽다. 그러나 기본적 생필품이 갖춰지고, 정신적으로도 준비되어 발원한다면 개인적 완성을 실현하지 못할 까닭이 없다.

부는 사회적 선(善)을 이루는 자원으로서, 개인적 완성을 실현하는 데 좋은 환경을 조성하도록 도울 수 있다. 그러나 결국 그것을 완성시키는 것은 부가 아니라, 정신적 성숙과 지혜이다. 잘못 사용된 부는 개인적 수행에 방해물이 될 뿐만 아니라, 사회적 선(善)에도 해롭다. 경전에서도 "부는 어리석은 이를 무너뜨린다. 그러나 목표를 추구하는 이를 파괴하지는 못한다."[15]라고 하였다.

물질은 우리의 마음을 고귀하게 이끌어 주지 못한다. 자유로운 삶이란 물질에 현혹되지 않는 것, 다시 말해서 물질에 지나치게 의지하지 않는 것이다. 그리고 그러려면 물질적 소유의 이익과 한계를 분명히 알아야 한다. 그러한 지혜가 없으면 우리는 물질을 소유하는 데에 자신의 모든 행복을 낭비하게 된다.

---

15   Dhp. 355.

제4장
부의 획득과 사용

사실 우리가 물질에 집착하고 있으면 단순한 마음의 평화마저도 방해를 받는다. 물질의 본성이 우리를 완전한 만족에 이를 수 없도록 하는 것이다. 다시 말해서 그것들은 영원하지도 않고, 안정되지도 않으며, 통제되지도 않고, 결국에는 사라진다. 즉, 우리는 그것에 집착하면서 불필요한 고통을 겪게 된다는 뜻이다. 우리가 태어날 때 물질은 우리와 함께 태어나지 않았고, 우리가 죽음을 맞이할 때, 우리는 그것을 가지고 갈 수도 없다.

물질적 재화는 지혜롭게 사용한다면 고통을 경감하는 데 도움을 줄 수 있다. 하지만 지혜롭게 사용하지 않는다면 그건 그저 짐만 가중시킬 뿐이다. 그러므로 이런 점을 구분해서 사용해야 물질적인 재화를 통해서 참된 가치를 얻을 수 있다.

부지런히 일을 해서 부를 얻고, 또 그것을 자신과 다른 사람들에게 잘 사용하는 사람, 그런 사람을 가리켜서 불교에서는 "이 세상과 다음 세상의 승리자"라고 한다.[16] 더 나아가 그 사람이 집착으로부터 떠나는 출리(出離)의 지혜를 지니고, 재물의 노예가 되지도 않지만 그것이 짐이 되지도 않으며, 세속적인 부에 오염되지도 않아 언제나 쾌활하며 혼란하지 않게 살아간다면 그는 더욱 칭찬받을 만하다.

---

16   DN. III. 181.

붓다의 경제 코칭 ──
중도로 본 불교경제학

6

불교경제학의
두 가지 주요 특징

(1) 중도(中道)의 경제학–참된 행복의 구현

불교는 중도(中道), 다시 말해서 적절한 양과 알맞은 정도(절제)를 아는 것에 관한 가르침으로 가득 차 있는데, 이 용어들은 모두 균형, 또는 평형이라는 뜻과 동의어라고 볼 수 있다. 절제(moderation)를 안다는 것을 불교 경전에서는 마따뉴따(mattannuta)라고 하는데, 이것이 불교경제학을 정의하는 특징이다.

절제, 즉 "알맞은 정도를 안다"라는 것은 가장 적당한 양, 즉 얼마나 많아야 정확하게 맞는지를 안다는 뜻이다. 다시 말해서 그것은 참된 행복을 향상시키는 것과 만족을 경험하는 것이 만나는 가장 적당한 지점을 자각하는 것이다. 그리고 그러려면 먼저 재물이 얼마나 있어야 행복하게 살 수 있을지 스스로 답을 내려야 한다. 그리고 거기서 만족감을 느낄 때 비로소 가장 적당한 지점 또는 균형점에 이르게 된다.

예컨대 중도에 맞는 소비란 욕망의 만족보다는 행복을 느끼는 면과 조화를 이루어야 한다는 것이다. 이처럼 소비를 적절하게 혹은 현명하게 해야 행복에 이를 수 있다. 이는 고전경제학의 방정식에서 '더 많이 소비할수록 더 행복해진다'고 생각하는 것과는 반대이다. 그보다도 우리는 절제된 혹은 현명한 소비를 통해서 행복에 이르게 된다는 것이다.

(2) 중도의 경제학-남과 나를 해치지 않기

중도에서 말하는 '가장 적절한 양'이라는 용어를 넓게 해석하면 자기 자신과 남을 해치지 않는 일이 된다. 이것은 또 하나의 중요한 원리로서 소비뿐만 아니라 인간의 모든 활동에 대한 불교의 기준이다. 여기서, '다른 것을 해치지 않는' 것이 불교에서는 인간뿐만 아니라 살아 있는 모든 것들에 적용된다는 점에 유의해야 한다.

불교도의 관점에서 본다면, 경제 원리는 인간 존재의 세 가지 상호 연결된 측면과 관계되어 있다. 그것은 인간과 사회 그리고 자연환경이다. 불교경제학은 전체적인 연기(緣起)의 과정과 조화를 이루어야 하고, 위에서 제시한 세 가지 영역과도 모두 적절하게 관련되어야 하며, 세 영역끼리도 서로 화합하고 상호 보완되어야 한다. 경제활동은 삶의 질을 낮추어서 자기 자신을 해치지도 않고 사회문제나 환경의 불균형을 초래하여 다른 것들을 해치지도 않는 방식으로 이루어져야 한다.

이제는 개발도상국에서도 환경문제에 관한 인식이 높아져 가고 있다. 사람들은 유해 화학물질이나 화석연료를 써야 하는 경제활동을 걱정한다. 그러한 활동들은 개인 건강에도 해롭고, 사회나 환경에도 해롭다. 그것은 "욕망은 자기 자신도 불태우고 다른 것들도 불태운다"는 말에 꼭 들어맞는 표현이며, 이제 그것이 인류 문제의 주요 과제가 되고 있다.

제4장
부의 획득과 사용

제5장

경전에서 얻는 경제적 교훈

경제에 관한 부처님의 가르침은 경전의 다른 주제를 논의하는 곳곳에 흩어져 있다. 예를 들어 정신적 수련에 관한 가르침 부분에 경제활동에 관한 지침이 들어 있을 수도 있다. 실생활에서는 이러한 것들이 모두 연결되어 있기 때문이다. 이런 까닭에 경제에 관한 부처님의 가르침을 찾으려면 다른 주제에 관한 가르침에서 그런 부분을 추려내야 한다.

　부처님께서 경제 관련 주제에 대해서 명확하게 가르치신 것은 없지만, 사의법(四依法, the four requisites), 다시 말해서 음식, 의복, 주거 그리고 약품에 관한 가르침은 경전 곳곳에 나타난다. 요컨대, 사의법에 관한 모든 가르침이 경제에 관한 가르침이다.

제5장
경전에서 얻는 경제적 교훈

1

계율, 교단의 질서와
흠결 없는 삶을 위하여…

승단의 수행 지침서에는 비구·비구니스님들이 지켜야 할 사의법(四依法)에 관한 태도와 행동이 명시되어 있다. 탁발수행자로서, 비구·비구니스님들의 필수품은 전적으로 재가자의 공양에 의지한다. 이를 위해 수행 지침서에는 "재가자의 공양을 받을 수 있을 만큼 흠결이 없는 삶"이 규정되어 있다. 즉 불법을 배우고 참선을 하며 불법을 가르치는 데 헌신하는 삶이 비구·비구니스님들의 올바른 삶, 정명(正命)이다.

또한 승단이 공양 받은 사의(四依)를 다툼이나 경쟁이 아니라 평화와 화합 속에서 사용하기 위한 규범도 수행 지침서(즉

붓다의 경제 코칭 ──
중도로 본 불교경제학

율장)에 실려 있다. 스님들은 재가자에게 특별한 음식이나 필요한 물건을 요구해서는 안 된다. 스님은 적게 지니는 것에 만족해야 한다. 이 구절에서 부처님은 스님들에게 사의에 대한 올바른 태도를 가르치신다.

가르침을 따르는 수행 중에 있는 스님은 주어진 어떠한 옷으로도 만족하고, 그 만족함에 칭찬받는다. 그는 옷 때문에 안달하거나 무례를 범하지 않는다. 그는 옷을 얻지 못해도 불안해하지 않고, 옷을 얻어도 거기에 묶이지 않는다. 그는 그 옷의 혜택이나 위험을 잘 알아차린다. 그는 집착으로부터 자유로울 수 있는 지혜를 지닌다. 그는 그가 받은 옷으로 인하여 자만하거나 남을 깔보지 않는다. 수행승들이여, 수행승이 거기에 숙달되고 방일하지 않아 올바른 알아차림과 새김을 확립하면, 수행승들이여, 그 수행승을 태고부터 전해져 내려온 고귀한 님의 혈맥을 계승한 자라고 한다.

그리고 또한 수행승들이여, 수행승이 어떠한 탁발음식에도 만족하고.…

그리고 또한 수행승들이여, 수행승이 어떠한 거처에도 만족하고.…

그리고 또한 수행승들이여, 수행승은 수행을 좋아하고

제5장
경전에서 얻는 경제적 교훈

수행에 몰두하고 버림을 좋아하고 버림에 칭찬받는다. 그렇다고 자신을 높이고 남을 경멸하지는 않는다.

수행승들이여, 수행승이 거기에 숙달되고 방일하지 않아 올바른 알아차림과 새김을 확립하면, 수행승들이여, 그 수행승을 태고부터 전해져 내려온 고귀한 님의 혈맥을 계승한 자라고 한다.[17]

이 구절은 물질적인 소유에 대한 만족과 정진의 관계를, 다시 말해서 물질적인 필수품은 인간 향상의 기초로 사용된다는 점을 보여준다.

승단의 수행 지침서에는 물질적인 재화를 최소한으로 사용하는 삶의 모습이 예시되어 있다. 이는 한편으로는 재가자 사회에 무리한 부담을 주지 않는 방식으로 승단을 유지하려는 실질적인 이유 때문이고, 다른 한편으로는 스님들이 최대한 많은 시간과 에너지를 불법을 배우고 수행하며 가르치는 데 쓸 수 있도록 한 것이다. 또한 수행승들이 가능한 한 사회의 시류에 휩쓸리지 않고 독립적으로 살아가도록 하여 그들이 사회적으로 높게 평가받는 명예나 권력에 휩쓸리지 않게 하려

17   AN. II. 28(전재성 역주, 「고귀한 님의 혈맥의 경」, 『앙굿따라니까야』, 한국빠알리성전협회, 2018, pp. 656-657 참조).

붓다의 경제 코칭 ──
중도로 본 불교경제학

는 것이다. 깨달은 존재인 아라한이든, 방금 출가한 초심자든, 모든 수행승들은 물질적인 소유를 최소로 하면서 불법을 수행해 나가는 데 최대한 헌신한다는 이 공통적 기본원리에 따라 살아간다.

물질을 넘치도록 소유하지 않으면서도 행복하게 살아가기 위해서 스님들은 계율, 다시 말해서 도덕률에 의지한다. 아래에서는 네 가지의 좋은 행위[18]를 언급하는데, 네 가지 각각마다 이를 완성하기 위한 또 다른 정신적인 특성이 있어야 한다는 점에 유의하여야 한다.

① **행위의 금지_** 스님들이 별해탈계(別解脫戒-승단의 수행규약)의 제한 안에서 사는 것을 의미한다. 말하자면 별해탈계에 금지된 것을 삼가고, 거기서 지정한 것에 따라 수행하며, 모든 정진 규칙을 부지런히 따르는 것이다. 이런 종류의 도덕률은 믿음[信, śraddha]을 통해 완성된다.

② **감각기관(indriya)을 간수하는 일_** 색·성·향·미·촉·법(色聲香味觸法)의 여섯 가지 감각 가운데 어떤 것을 경험하더라도 좋아함과 싫어함, 집착이나 성냄 등의 저열한

---

18   Vism. 16; Comp. 212.

조건에 압도되지 않도록 노력하는 것이다. 이런 종류의 도덕률은 마음집중[正念, sati, mindfulness, recollection]에 의해서 성취된다.

③ **정명(正命)**_ 즉 생계(livelihood)를 청정하게 한다는 것은 누구나 정직하게 자신의 생계를 영위한다는 뜻이니, 그릇된 생계 방식을 피하라는 것이다. 스님에게 해당되는 것은 다음과 같다.

명상수행을 통해서나 깨달음의 단계에서 초인적인 능력을 얻었다고 자랑한다거나 혹은 신도들에게 특별한 음식을 요청하는 일 등을 해서는 안 된다. 또한 사람들에게 일부러 고행을 과장해서 보여주는 행동 등을 삼가야 하고, 후원자들에게 아첨하거나 혹은 좋은 말만을 해서도 안 되며, 신도들에게 공양을 올리라고 암시하거나 신호를 주어서는 안 되고, 위협하거나 괴롭혀서도 안 되며, 신도들에게 조금 주면서 그 대가로 많은 것을 바라는 따위의 거래를 해서도 안 된다. 이런 종류의 도덕률은 비리야, 즉 정진(精進)에 의해서 성취된다.

④ **생필품과 관계된 도덕률**_ 사의(四依)를 쓰더라도 세심하게, 다시 말해서 그 물품들의 참된 이익과 가치를 유념

하며 사용해야 하며, 욕망에 의해서 사용해서는 안 된다는 것이다. 예를 들어, 공양시간이라면 건강을 이루어 불법을 수행할 수 있을 정도로 알맞게 음식을 섭취하는 것을 의미한다. 즉, 식사의 감각적 즐거움에 빠져서는 안 된다는 것이다. 이 도덕률은 반야, 즉 지혜(智慧)에 의해서 완성된다.

제5장
경전에서 얻는 경제적 교훈

2

부(富)에 대한
재가자의 태도

    계율에 관한 부처님 가르침의 대부분은 스님들을 대상으로 한다. 부처님께서 재가자들도 스님처럼 살기를 바랐다고 할 만한 근거는 경전 어디에도 없다. 또한 부처님께서 모든 이들이 비구나 비구니스님이 되기를 바랐다고 생각할 만한 기록도 없다. 부처님께서는 비구·비구니스님의 교단을 설립, 바람직하고 독립적인 공동체의 표본을 만드셨다. 그래서 승단은 사회에 불법을 전할 수 있었고, 또한 불법을 공부하는 데 헌신하며 살기를 바라는 이들에게 안식처를 제공할 수 있었다.

    이 승가공동체 안에는 형식적인 구성원과 참된 구성원이

있었다. 형식적 구성원이란, 출가는 했지만 재가자 사회에 그저 얹혀 사는 사람들이었다. 그러나 진정으로 자유로운 구성원은 교단에 속하든 혹은 재가자로서든, 초월적 통찰력을 얻고 사회 속에 흩어져서 평범하게 살아가는 사람들이었다.

승단의 수행 지침서(율장)를 재가자들의 삶에 그대로 적용할 수도 있겠지만, 그 가르침은 스님들에게 더욱 직접적으로 연관되어 있다. 사의(四依)가 부족하더라도 승단의 생활에서는 안락할 수 있다. 하지만 대다수 재가자들은 사의가 재가생활에서 더 많은 부와 안락을 쌓는 최소한의 기초라고 생각한다. 스님들보다는 재가자들이 아이를 키우거나 사업을 경영하는 등 무거운 책임을 지기 때문에 물질적 재화가 훨씬 더 많이 필요한 것 같지만, 그래도 역시 인생에서 필요한 모든 것은 사의로 채워진다는 사실은 여전하다.

재가자들의 경제 문제와 관련된 실용적 가르침도 경전에 포함되어 있다. 그 경전들에는 부처님께서 평생 동안 여러 계층의 다양한 사람들에게 설하신 말씀들이 들어 있다. 경전에서 부처님께서는 재가자들이 부와 관계를 잘 맺을 수 있도록 네 가지 영역을 강조하신다.[19]

---

19   DN. III. 188(전재성 역주, 「씽갈라까에 대한 훈계의 경」, 『디가니까야』, 2016, p. 1392 참조); AN. V. 176-182(전재성 역주, 「욕망을 향유하는 자의 경」, 『앙굿따라니까야』, 한국빠알리성전협회, 2018, pp. 2133-2137 참조 바람).

제5장
경전에서 얻는 경제적 교훈

① **부의 취득_** 착취를 통해서 부를 얻어서는 안 되고, 노력과 현명한 행위를 통해서 부를 취득해야 한다. 도덕적으로도 바른 방법으로 부를 얻어야 한다.

② **부의 보전_** 생활을 더욱 향상시킬 투자 재원과 미래의 재난에 대한 대비로서 부를 저축하고 지켜야 한다. 모아 놓은 재산이 이 두 가지 필요를 채우고도 남는다면 공동체의 일을 지원하여 사회적인 공익을 창출하는 데 쓰여야 한다.

③ **부의 활용_** 부는 다음과 같은 영역에 사용되어야 한다.
- 자신과 자기 가족을 부양한다.
- 친구나 친척의 활동을 지원하는 등 사회적인 조화를 지원한다.
- 사회복지사업 등 착한 일을 후원한다.

④ **마음자세_** 부 때문에 강박관념이나 근심 걱정에 빠져서는 안 된다. 그와 반대로, 부의 참된 이익과 한계를 이해하면서 부와 관계를 맺어야 하며, 개인적인 향상을 이루는 방향으로 부를 사용해야 한다.

부처님께서는 정직한 노동으로 부를 취득하고 유익한 목적을 위해서 부를 현명하게 활용한 부자만을 칭찬하셨다. 말하자면 부처님께서는 부 자체보다는 그것으로 창출된 선과 이익이라는 특성을 칭찬하셨던 것이다. 사람들은 대개 부유하다는 것 하나만으로 그 사람을 높이는 경향이 있다. 그것은 전생(前生)에 공덕을 쌓아서 그 결과로 현생(現生)에 재산이 많다고 생각하기 때문이다. 그러면서도 사람들은 당연히 고려해야 할 현생에서 유래한 요인들에 관해서는 생각하지 않는다.

사람들의 그러한 태도에는 부처님의 가르침과 모순되는 점이 두 가지 있다. 첫째, 부(富)보다는 선(善)을 칭찬하셨던 부처님의 뜻을 고려하지 않는다. 둘째, 현생의 부를 창출하게 된 모든 요인들을 정당하게 고려하지 않는다.

현생은 전생보다 더욱 직접적이므로 현생이 더욱 중요하게 고려되어야 한다. 전생의 업은 현생의 조건들을 결정하는데, 거기에는 육체적 속성, 재능, 지성, 그리고 개성적 특성 등이 포함된다. 전생의 선업이 부유하게 태어난 원인이라고 말할 수는 있다. 그러나 부처님께서는 부유한 가정에 태어나는 것을 칭찬할 만하다고 하지 않으셨다. 더욱이 불교는 출신 계층을 중시하지 않는다. 부유한 개인이 그처럼 유리하게 태어날 수 있도록 한 선업(善業)을 칭찬하셨을 수는 있다. 하지만 과거 선업의 과보로 부유한 계층에 태어났으니 그 사람은 이미 정당하게 보답을 받았으며, 더 이상 칭찬할 필요는 없다는 것이다.

다른 사람보다 더 나은 기회를 얻게 되므로 유복하게 태어나는 것을 '좋은 경제적 토대'라고 한다. 하지만 전생의 업은 거기서 끝나고, 현생을 열어가는 일은 거기서부터 새로 시작된다. 그래서 유복하게 태어났다고 해도, 자칫 잘못하면 쉽사리 무너진다. 그가 재산을 주의 깊게 그리고 지혜롭게 사용한다면 자신과 관계된 모든 이들에게 이익을 주지만, 자신의 유리한 경제적 상황에만 현혹된다면 소중한 기회를 허비하게 될뿐만 아니라 관계된 사람에게도 해를 끼치게 될 것이다.

사람들이 자신의 재산을 어떻게 사용하였는가 하는 것은 불교에서 아주 중요한 문제이다. 부처님께서는 재산 자체를 칭찬하지도 비판하지도 않으셨다. 다만 그분은 부(富)에 관해서 사람들이 취하는 행동(action, 업)에만 관심을 가지셨다.

불교의 가르침에 의하면, 다른 이를 돕는 목적으로 재산을 사용해야 한다. 다시 말해서 재산은 선행을 하고 인간을 향상시키는 삶을 지원해야 한다. 이러한 원리에 따르면, 한 사람이 부유해지면 모든 사회가 그 이익을 얻는다. 한 사람이 재산을 소유하더라도 그것은 공동체 전체가 소유한 것과 마찬가지가 된다. 부자가 이런 식으로 재산을 사용한다면 모든 사람에게 이익을 주는 것이다. 그래서 사람들은 그 부자를 비옥한 대지에 비유한다. 그러한 사람들은 이웃 사람에게 큰 이익을 가져다 준다. 이웃이 없다면 부자가 창출하는 부도 존재할 수가 없고, 또 그 재산으로 이익을 만들 수도 없었을 것이다. 이러한 부자들은 보시를 통하여 사회 전체를 위하는 마음을 일으키고, 그 대가로 공동체에서 존경과 신뢰를 얻으며 자신들의 부를 유익한 용도로 활용한다. '자신의 부를 다른 이와 함께 나누는 재가자는 훌륭한 길을 다루는 이'라고 부처님께서는 다음과 같이 가르치셨다.

> "적게 가지고 있다면 적게 주고, 적당히 가지고 있다면 적당히 주고, 많이 있다면 많이 주어라. 전혀 주지 않는 것은 옳지 않다. 꼬시야여, 나는 그대에게 말하노니, 그대의 재산을 나누고, 그것을 잘 사용하라. 성스러운 이의 길을 따르라. 혼자 먹는 사람은 행복하게 먹지 못한다."[20]

다른 이에게 무언가 음식을 주기 전에는 자신도 음식을 먹지 않는 수행을 지키는 사람들이 있다. 부처님 당시 한 인색한 이가 개과천선해서 이 수행법을 실천했는데, 그는 매일 "다른 이에게 먼저 음식을 주지 않는 한, 물 한 모금도 마시지 않겠

---

20   J. V. 382.

제5장
경전에서 얻는 경제적 교훈

다"고 하였다고 한다.[21]

덕을 지닌 사람이 부유해지면 다른 사람들도 이익을 얻는다. 하지만 그렇지 않은 사람은 다른 이들에게 인색하게 하면서 재산을 쌓는다. 부자들이 부유해질수록 사회가 퇴락하고 다른 사람들이 빈곤해진다면, 그들이 재물을 잘못 사용하여 부(富)의 참 기능을 발휘하지 못하는 것이다. 그렇게 되면, 언젠가는 틀림없이 사회가 망가지든지 혹은 그의 재산이 무너지게 마련이다. 그 사회는 부자들의 특권을 박탈하고 재물을 새로운 관리인의 손에 맡기게 될 것이다. 이처럼 재물을 잘못 사용하면 인간의 존엄성과 개인의 행복 그리고 공동체를 파괴하므로, 잘못된 부는 도리어 재앙이 된다.

불교에서는 우리들이 지혜롭게 그리고 명백하게 부(富)의 참된 가치와 한계를 이해하면서 재물과 관계를 맺어야 한다고 강조한다. 재물이라는 짐을 지고 살거나 혹은 그것의 노예가 되어서는 안 된다. 오히려 우리가 재물의 주인이 되어야 하고, 다른 이들에게 유익한 방식으로 그것을 사용해야 한다. 다툼이나 경쟁이 아니라 사회에서 유익한 일을 창조하도록 재물을 사용해야 한다. 또한 긴장이나 고통 그리고 심리적인 무질서가 아니라 문제를 해결하고 행복을 이끄는 방식으로 재물을

---

21   J. V. 393-411.

붓다의 경제 코칭 ——
중도로 본 불교경제학

사용해야 한다. 경전에는 다음처럼 부(富)를 대하는 바람직한 태도를 나타낸 글이 있다.

수행승들이여, 세상에는 세 종류의 사람이 있다. 세 종류의 사람이란 무엇인가? 수행승들이여, 두 눈이 먼 사람, 한 눈이 먼 사람, 두 눈을 모두 갖춘 사람이 그것이다.

두 눈이 먼 사람이란 누구인가? 그들에게는 얻지 못한 부를 얻게 하고 얻은 부를 증가시키는 눈이 없다. 그리고 착한 것과 악한 것을 알고… 건전한 것과 불건전한 것을 알고… 비난받을 만한 것과 그렇지 않을 것을 알고… 저열한 것과 수승한 것을 알고… 어두움과 밝음을 아는 눈을 갖추고 있지 않다.

누가 한 눈이 먼 사람인가? 그들은 얻지 못한 부를 얻게 하고 얻은 부를 증가시키는 눈은 갖추고 있지만, 그러나 착한 것과 악한 것을 알고… 건전한 것과 불건전한 것을 알고… 비난받을 만한 것과 그렇지 않을 것을 알고… 저열한 것과 수승한 것을 알고… 어두움과 밝음을 아는 눈은 갖추고 있지 않다. 이와 같은 사람이 한 눈이 먼 사람이다.

누가 두 눈을 모두 갖춘 사람인가? 그들은 얻지 못한 부를 얻게 하고 얻은 부를 증가시키는 눈을 가지고 있다.

제5장
경전에서 얻는 경제적 교훈

그리고 착한 것과 악한 것을 알고… 건전한 것과 불건전한 것을 알고… 비난받을 만한 것과 그렇지 않을 것을 알고… 저열한 것과 수승한 것을 알고… 어두움과 밝음을 아는 눈도 갖추고 있다. 이와 같은 사람이 두 눈을 모두 갖춘 사람이다.

공덕도 쌓지 않았으니,
그에 상당하는 재물이 없고
양쪽에 흉악한 괘가 나왔으니,
맹인은 두 눈을 잃었네.

여기 또 한 사람이 있으니
애꾸눈을 지닌 사람이라 하네.
가르침과 가르침 아닌 것을 혼동하여
언제나 재물을 구하네.

도둑질과 사기 행각으로
교묘히 재산을 쌓으며
감각적 쾌락에만 탐닉하네.
그 때문에 그는 지옥에 떨어져
한쪽 눈을 잃었다네.

그런데 두 눈을 갖춘 사람,
사람 가운데 훌륭한 사람이니,
옳게 얻은 재물로
힘써서 이웃을 도와주네.

혼란 없는 고상한
생각을 지닌 그는
슬픔이 없는 곳,
착하고 슬기로운 세계에 도달하네.

맹안을 지닌 자와
애꾸눈을 지닌 자는 멀리하여 피하라.
사람 가운데 훌륭한 사람인
두 눈을 갖춘 사람을 섬기어라.[22]

---

22 AN. I. 128(전재성 역주, 「맹안을 지닌 자의 경」, 『앙굿따라니까야』, 한국빠알
리성전협회, 2018, pp. 403-404 참조).

제5장
경전에서 얻는 경제적 교훈

3

정부

부처님께서는 "가난이 세상에 고통을 주고 있다"고 말씀하셨다. 여기서 부처님께서는 부(富)에 대한 정부의 역할을 말씀하신다. 탐욕과 마찬가지로, 가난과 결핍은 매우 밀접하게 연결되어 있어서 범죄와 사회적 불만의 원인이 된다. 불교에서는 정부나 행정기관이 곤궁한 사람들의 요구를 파악하고 가난을 극복하기 위해 노력해야 할 의무가 있다고 주장한다. 국가는 최소한으로 모든 사람들이 공정한 일자리를 얻을 수 있도록 하고, 부정하고 착취하는 일이 발생하지 않도록 자본을 조직하고 산업을 감독해야 한다. 이러한 기준에 의한다면 부자

붓다의 경제 코칭 ——
중도로 본 불교경제학

가 많은 것보다는 가난한 사람이 없어야 성공한 정부라는 것을 잘 알 수 있다.

많은 이들이 "불교와 가장 잘 맞는 경제 또는 정치체제는 어떤 것이냐?"는 질문을 자주 한다. 그러나 불교는 이러한 물음에 직접 대답하지 않는다. 누군가가 그것에 대한 대답을 할 수도 있겠지만, 그러나 경제와 정치체제란 본질적으로 방법에 관한 물음이고, 그것은 시대와 지역에 따라 맞추어져야 하는 것이다.

정부의 부는 무엇을 목적으로 하는가? 본질적으로 정부는 부를 통해 시민들이 최대한 효율적이고 유익하게 살도록 지원하고 조직화한다. 부는 계획을 실행시키고 더 높은 차원의 행복을 얻게 한다. 그러므로 정부는 공동체 사람들이 선하게 살아가고 또한 더 높은 선을 향한 의욕을 느끼도록 부를 사용하여, 공동체를 지원해야 한다.

권위적이지 않고 자발적이고 자유로운 체제라는 것이 전제가 되기는 하지만, 이러한 목적으로 부를 사용하는 정치 또는 경제체제는 불교와 양립할 수 있다. 특정한 체제란 시대와 지역에 의존하는 방식이니, 체제는 그 시대와 지역에 맞춰 변할 수 있다. 예를 들어 부처님께서 특수한 공동체로 승단을 만드셨을 때 부처님께서는 스님들의 개인 재산을 제한하는 규칙을 제정하셨다. 그리고 필수품은 승가의 공동 재산으로 간주되었다.

한편, 부처님께서는 재가자나 세속에 대해서는 다른 가르침을 말씀하셨다. 부처님 당시 인도에는 유력한 정치 체제가 두 가지 존재했다. 당시 몇몇 지역은 절대군주가 통치했고, 다른 지역들은 공화제였다. 부처님께서는 양자에게 각기 다른 가르침을 말씀하셨다. 이것이 부처님 가르침의 특징이다. 불교는 이상과 철학의 종교가 아니라, 실천의 종교이다. 부처님께서는 당시 사회 상황에 따라 사람들의 실제 삶에 적용할 수 있도록 가르침을 주셨다.

만약 부처님께서 완전한 사회가 도래한 다음에 가르침을 전하려고 기다리셨다면 아마도 부처님은 관념론과 낭만주의에 빠지셨을 것이다. 완전한 사회란 언젠가는 올 것이라고 기대되는 사회이기 때문이다. 그래서 부처님께서는 당대에 효과를 발휘할 수 있는 진리들, 부처님 표현대로라면 "정말로 쓸모 있는 진리들"을 가르치셨다.

부처님께서는 절대군주에게는 전륜성왕의 의무를 가르치셨다. 절대 권력을 도구로 하여 개인의 행복을 추구하기보다는 사회적 이익을 창출하라고 군주에게 간곡히 타이르셨다. 그리고 공화국에 대해서는 칠불퇴법(七不退法), 다시 말해서 사회적인 조화를 촉진하고 쇠퇴를 방지하는 원리와 방법을 가르치셨다. 이 두 가지 가르침은 모두 방법은 다르지만 사람들이 상이한 정치체제에서 행복하게 사는 방법을 보여준다.

붓다의 경제 코칭 ——
중도로 본 불교경제학

인도에서 절대군주의 세력이 최고조에 도달했을 때, 아소카 왕은 이러한 불교의 원리로써 자신의 제국을 다스렸다. 그는 칙령에 다음과 같이 적었다.

"존귀한 신들에게 공경 받는 이 아소카는 지금은 물론 미래에도 사람들이 법의 원리에 따라 가르침을 듣고 수행하기를 바란다. 그리고 나는 그 목적만을 위해 나의 지위나 영화(榮華)를 사용할 것이다. 나의 지위나 영화는 그 자체가 큰 공덕이라고 생각하지 않는다."[23]

모든 사람들이 동일한 지위를 갖는 사회는 이상적인 사회가 아니다. 그러한 사회는 사실상 불가능하기도 하다. 심지어는 모든 사람이 평등한 시대라고 하는 미래불인 미륵불이 도래한 시대에조차도 여전히 승려와 재가자의 구분은 존재한다. 이상적인 사회란 사람들이, 소득의 차이는 있지만, 옳은 목적을 향해 자신의 의식과 지성을 수행하려고 노력하는 사회이다. 동시에 이상적 사회란 경건한 삶을 살고자 하는 사람들을 위해 훌륭한 선택을 가능케 하는 사회이다.

정부는 모든 국민이 편안하게 살기에 충분하고 정당한 직업

---

23   Ashokan Edict No. 10.

제5장
경전에서 얻는 경제적 교훈

을 찾을 수 있게 사의(四依)가 분배되도록 확실히 보장하여야
한다. 이에 더하여 경제체제는 경쟁과 갈등이 아니라 조화로
운 공동체에 의해 이끌리도록 해야 하고, 물질적 소유는 인간
성을 향상시키는 기초로 사용되어야 한다.

한 경전에서는 부처님께서 전륜성왕에게 "자신의 재물 가
운데 일부를 가난한 사람들에게 나누어주라"고 권유하신다.
부처님의 가르침을 받은 왕은 자신의 백성을 비참하거나 가난
해지지 않도록 해 주었다고 한다.[24]

여기서 윤리적인 경제 운영이란 통치자가 자기 금고나 특정
사람들의 손에 재물을 넘치게 하는 것이 아니라, 자기 영토 내
에 가난한 이가 없도록 하는 것임을 알 수 있다. 불교는 부를
축적하는 것을 금지하거나 재산을 평등하게 나누어주라고 하
지는 않는다. 사회적 실천에 관한 불교도의 관점을 이렇게 이
해한다면, 어떤 체제가 불교와 가장 잘 맞는지를 토론해 볼 수
도 있다. 또는 사람들이 더욱 새롭고 효과적인 체제를 고안할
수도 있다. 이것이 가장 좋은 대안이 될 것이다. 그러나 그것은
실제적인 적용의 문제이니 이 책의 범위 밖이다.

---

24   DN. III. 61(전재성 역주 「전륜왕사자후의 경」, 『디가니까야』, 한국빠알리성전
      협회, 2016, p. 1117 참조 바람).

붓다의 경제 코칭 ──
                        중도로 본 불교경제학

4

내면적 성찰
(명상과 마음훈련)

아비담마 논장(論藏)에는 더 심오한 부처님의 가르침이 담겨져 있다. 논서(論書)에서 직접 경제를 말하지는 않지만, 사람들의 심리와 그 구성요소들을 상세하게 분석하고 있기 때문에 간접적으로 경제와 연관되어 있다. 이러한 심리적인 요소는 모든 인간 행동의 뿌리이므로, 경제 활동도 당연히 포함된다. 경제 활동에 동기를 부여하는 부정적 의식 요소로는 탐욕·성냄·어리석음과 자만 등이 있다. 또한 긍정적 의식 요소인 탐욕 없음, 성냄 없음, 자만 없음, 믿음, 관용, 그리고 선한 의지들도 경제 활동에 동기를 부여한다. 이런 점에서 논서는 근본적인 차원의 경제학 연구서이다.

한편 이와 연관된 것으로서, 심오한 불교 수행 가운데 명상-참선은 간접적이지만 경제와 근원적으로 연결되어 있다. 명상과 마음 훈련을 통해 마음 상태로부터 경제 활동으로 이어지는 인(因)과 연(緣), 혹은 원인과 조건의 흐름을 관찰할 수 있다.

우리는 이러한 통찰에 의해 마음의 과정을 관찰할 수 있고, 건전하고 윤리적인 결정을 내릴 수 있다. 명상-참선은 윤리적이거나 비윤리적 행동이 그것을 일으키게 하는 의식적 조건의 결과라는 것을 이해하는 데 도움이 된다.

계급, 인종, 민족 등은 본질적으로 선도 아니고 악도 아니다. 그보다 우리 행동을 윤리적으로 혹은 비윤리적으로 이끄는 것은 마음의 질적 수준이다. 사람들은 탐욕·미워함·어리석음[貪瞋癡]에 의해서 비윤리적 행동으로 이끌려 간다. 반면에 사람들은 지혜와 참된 행복에 대한 소망으로 윤리적 행동과 선한 삶을 이끌어 간다.

명상과 참선을 통하여 우리는 내면의 동기에 대해 성찰하고 자각하는 힘을 뚜렷이 할 수 있으며 자유의지를 강화할 수 있다. 이렇게 하면 경제적 결정, 즉 생계나 소비에 관한 결정을 내릴 때 참된 행복으로 이끄는 도덕적 방향을 택할 수 있고, 두려움·갈망·교만 등에 의한 충동적 행동과 소비에 효과적으

로 대항할 수 있다. 이렇게 마음의 요소들은 모든 경제 문제의
기초를 형성한다. 그리고 우리는 명상-참선과 같은 의식 개발
이 참된 경제개발과 인간개발을 이끈다는 것을 알게 된다.

아마도 참선 수행을 통해서는 더 높은 차원의 행복, 다시
말해 내면의 평화의 실현이 가능하다는 것이 더욱 중요할 것
이다. 그것은 무엇에 의존하지 않는 행복이다. 우리가 내면의
평화를 찾아내는 능력을 갖출 때 우리는 부를 더욱 의미 있게
사용할 수 있다. 그리고 그 부는 더 이상 우리 자신의 행복을
위해서 필요한 것이 아니라, 사회의 선을 위해서 아낌없이 쓰
일 것이다.

제5장
경전에서 얻는 경제적 교훈

5

부의
추구와 유지

아래에 제시하는 경전에는 재가자의 생계에 관한 가르침이 담겨 있는데, 거기서는 바른 생계수단[正命]에서 생기는 이익을 강조한다. 한때 브라만 우짜야는 바른 생계수단을 통해서 어떻게 부유해질 수 있는지에 대한 가르침을 듣기 위해서 부처님을 찾아뵈었다. 부처님께서는 현재와 미래를 행복으로 이끄는 조건을 다음처럼 대답하셨다.

브라만이여, 이와 같이, 네 가지 원리가 현세에서 우리를 이익으로, 행복으로 이끈다. 그것은 부지런함을 갖춤, 수

붓다의 경제 코칭 ——
중도로 본 불교경제학

호(watchfulness)를 갖춤, 선한 벗을 갖춤, 올바른 생활을
갖춤이다.

부지런함을 갖춤이란 무엇인가? 훌륭한 가문의 아들은
부지런함을 통해 생계를 유지한다. 그는 농사를 짓든지
상업이나 축산이나 궁술이나 기술 등에서 부지런하고 유
능하다. 그는 자기 일에 게으르지 않고 그것에 관심과 흥
미를 가지고 일한다. 그는 능력이 있고 책임감이 강하다.
부지런함을 갖춤은 이와 같은 것이다.

수호를 갖춤이란 무엇인가? 훌륭한 가문의 아들은 돈을
버는 데 있어서 스스로의 땀과 노동으로 벌고 정당한 노
력으로 번다. 그리고 그는 부를 지킴에 있어서 왕이나 도
적에게 빼앗기지 않고, 마을이 불에 타거나 물에 휩쓸리
거나 부적절한 이웃에 이용당하지 않도록 노력한다. 이것
을 수호를 갖춤이라고 한다.

선한 벗을 갖춤이란 무엇인가? 훌륭한 가문의 아들은 마
을이나 도시에 살면서 장자나 장자의 아들, 젊지만 덕행
이 성숙한 자, 믿음을 갖춘 자, 계행을 갖춘 자, 보시를 갖
춘 자, 지혜를 갖춘 자가 있다면 그들과 사귀고 대화하고
논의한다. 이와 같이 믿음을 갖춘 자에게서는 믿음을 갖
춤을 배우고, 보시를 갖춘 자에게서는 보시를 갖춤을 배
우고, 지혜를 갖춘 자에게서는 지혜를 갖춤을 배운다. 선

한 벗을 갖춤이란 이와 같다.

올바른(균형 있는) 생활을 갖춤이란 무엇인가? 훌륭한 가문의 아들은 재산이 늘어나는 것을 알고 재산이 줄어드는 것을 알아, 사치하지도 곤궁하지도 않고 균형 있게 '이와 같이 나의 수입이 지출을 넘어서고, 지출이 수입을 넘어서지는 않을 것이다'라고 생각하여 생계를 영위한다. … 수입은 적은데 사치스러운 생활을 도모한다면 사람들은 그를 두고 무화과를 먹는 자처럼 재산을 낭비한다고 한다. 수입은 큰데 곤궁한 생활을 도모한다면 또한 사람들은 그를 두고 굶주려 죽은 귀신처럼 죽을 것이라고 말한다. 이렇게 수입을 알고 지출을 알고 사치하지도 곤궁하지도 않은 것, 이것을 올바른 생활을 갖춤이라고 한다.

재산을 손실하는 네 가지 출구가 있다. 여자에 탐닉하는 것, 술에 취하는 것, 도박에 빠지는 것, 악한 벗을 사귀는 것이 그것이다. 커다란 호수에 네 개의 취수구와 네 개의 배수구가 있는데, 사람이 취수구를 닫고 배수구를 열어놓고 하늘이 비를 내리지 않는다면 그 커다란 호수는 반드시 말라버린다.

브라만이여, 재산을 증식하는 네 가지 입구가 있다. 여자에 탐닉하지 않는 것, 술에 취하지 않는 것, 도박에 빠지지 않는 것, 선한 벗을 사귀고 선한 동료를 사귀는 것이

붓다의 경제 코칭 ——
중도로 본 불교경제학

그것이다. 커다란 호수에 네 개의 취수구와 네 개의 배수구가 있는데, 사람이 배수구를 닫고 취수구를 열어놓고 하늘이 비를 내린다면 그 커다란 호수는 반드시 채워진다. 이와 같은 네 가지 원리가 훌륭한 가문의 아들을 현세에서의 이익과 행복으로 이끈다.[25]

그리고 부처님께서는 미래의 행복과 이익에 이르는 네 가지 조건을 설명하셨다. 믿음, 지계, 보시, 그리고 지혜라는 정신의 힘을 갖추는 것이다.

---

25   AN. IV. 281(전재성 역주, 「비약가빳자의 경」, 『앙굿따라니까야』, 한국빠알리
      성전협회, 2018, pp. 1753-1756 참조).

제5장
경전에서 얻는 경제적 교훈

6

재가자의
행복

부처님께서는 상인 아나타삔디까[給孤獨長者]에게 다음과
같이 가르치셨다. 그것은 재가자의 네 가지 행복으로 알려져
있다.

장자여, 재가생활을 하며 감각적 즐거움을 겪는 자가 때
때로 얻을 수 있는 네 가지 행복이 있다. 네 가지란 무엇
인가? 소유의 행복, 향유의 행복, 빚 없음의 행복, 허물 없
음의 행복이다.
소유의 행복이란 무엇인가? 고귀한 가문의 아들은 근면

붓다의 경제 코칭 ——
중도로 본 불교경제학

한 노력으로 재물을 얻고, 힘으로 모으고, 이마의 땀으로 정당하게 벌어들인 재물을 소유한다. 그는 이와 같이, '나는 근면한 노력으로 얻고, 힘으로 모으고, 이마의 땀으로 정당하게 벌어들인 재물을 소유하고 있다'라고 생각하며 행복을 얻고 기쁨을 얻는다. 이것을 소유의 행복이라고 부른다.

향유의 행복이란 무엇인가? 고귀한 가문의 아들은 근면한 노력으로 얻고, 힘으로 모으고, 이마의 땀으로 정당하게 벌어들인 재물을 향유하며 공덕을 베푼다고 생각하며 행복을 얻고 기쁨을 얻는다. 이것을 향유의 행복이라고 부른다.

빚 없음의 행복이란 무엇인가? 고귀한 가문의 아들은 누구에게도 어떤 것도 많든 적든 빚을 지고 있지 않다. 그는 이와 같이, '나는 누구에게도 어떠한 것도 많든 적든 빚을 지고 있지 않다'라고 생각하며 행복을 얻고 기쁨을 얻는다. 이것을 빚 없음의 행복이라고 한다.

허물 없음의 행복이란 무엇인가? 고귀한 가문의 아들은 행동에서 허물이 없고, 말에서 허물이 없고, 마음 씀에서 허물이 없다. 그는 이와 같이, '나는 행동에서 허물이 없고, 말에서 허물이 없고, 마음 씀에서 허물이 없다'라고 생각하며 행복을 얻고 기쁨을 얻는다. 이것을 허물 없음

제5장
경전에서 얻는 경제적 교훈

의 행복이라고 한다.

소유의 행복을 이루고
향유의 행복을 새기고
빚 없음의 행복을 누리리.
그것에 대해 지혜로써 통찰하네.

현명한 자라면 이렇게 통찰하면서 안다.
이 세 가지 행복은 허물 없는 행복의
16분의 일에도 미치지 못한다는 것을.[26]

---

26   AN. II. 62(전재성 역주, 「빚 없음의 경」, 『앙굿따라니까야』, 한국빠알리성전
      협회, 2018, pp. 696-697 참조).

붓다의 경제 코칭 ──
                                중도로 본 불교경제학

7

부의
이로움

다음의 인용문에서 부처님께서는 상인 아나타삔디까에게 부(富)로 인하여 생기는 몇 가지 유익함을 설명하신다. 다만 그 가르침은 과거의 시대에 맞춰져 있으니 읽는 이가 거기에서 요점을 취하여 적용하기를 바란다.

장자여, 재물의 올바른 사용법에는 다섯 가지가 있다. 다섯 가지란 무엇인가?
근면한 노력으로 얻고 두 팔의 힘으로 모으고 이마의 땀으로 벌어들이고 정당한 방법으로 얻어진 재물로 자신을 즐겁게 하고, 기쁘게 하고, 바른 행복을 유지한다. 부모를 즐겁게 하고… 아내와 자식과 하인과 노복을 즐겁게 하고, 기쁘게 하고, 바른 행복을 유지한다. 이것이 첫 번째 올바른 사용이다.

근면한 노력으로 얻고 두 팔의 힘으로 모으고 이마의 땀으로 벌어들이고 정당한 방법으로 얻어진 재물로 친구와 동료를 즐겁게 하고, 기쁘게 하고, 바른 행복을 유지한다. 이것이 두 번째 올바른 사용이다.

근면한 노력으로 얻고 두 팔의 힘으로 모으고 이마의 땀으로 벌어들이고 정당한 방법으로 얻어진 재물로 물이나 불이나 왕이나 도둑이나 악의적인 이웃의 재해로부터 자신을 방어하고 자신의 행복을 구한다. 이것이 세 번째 올바른 사용이다.

근면한 노력으로 얻고 두 팔의 힘으로 모으고 이마의 땀으로 벌어들이고 정당한 방법으로 얻어진 재물로 다섯 가지 헌공(sacrifice), 즉 친지에 대한 헌공, 손님에 대한 헌공, 조상에 대한 헌공, 왕에 대한 헌공, 신들에 대한 헌공을 한다. 이것이 네 번째 올바른 사용이다.

근면한 노력으로 얻고 두 팔의 힘으로 모으고 이마의 땀으로 벌어들이고 정당한 방법으로 얻어진 재물로 수행자에게 보시를 한다. 교만을 삼가고 게으름을 삼가고 관대하고 온화하고 오로지 자신을 다스리고 오로지 자신을 고요히 하고 오로지 자신을 완전한 열반에 들게 하는 수행자에게 최상의 결과를 가져오고 행복을 열어주고 하늘로 이끄는 보시를 한다. 이것이 다섯 번째의 올바른 사용이다.

장자여, 이와 같이 재산에는 다섯 가지 사용이 있다. 고귀한 제자가 이러한 다섯 가지 사용을 통해서 재산이 줄어들면 그는 '나는 재산을 사용할 곳에 사용했는데 나의 재산이 줄어들었다'고 생각한다. 그는 그것 때문에 후회하지 않는다. 그 고귀한 제자가 이러한 다섯 가지 사용을 하고도 재산이 늘어났다면 그는 '나는 재산을 사용할 곳에 사용했는데 나의 재산이 늘어났다'라고 생각한다. 그리고 그는 그 때문에 두 번째 점에서도 후회하지 않는다.[27]

---

27 AN. III. 45(전재성 역주, 「다섯 가지 재물의 사용에 대한 경」, 『앙굿따라니까야』, 한국빠알리성전협회, 2018, pp. 944-946 참조).

제5장
경전에서 얻는 경제적 교훈

8

부와
수행 향상

부처님께서는 수행 향상에는 우선 기본적인 필수품이 필요
하다고 가르치셨다. 다음 이야기[28]는 배고픔이 육체적 고통의
원인이자 수행 향상의 장애라는 점을 보여준다.

어느 날 아침 부처님께서는 사왓띠(사위성) 주변 제따와나
수도원에 계셨다. 부처님께서는 알라위 근처에 사는 어느
가난한 농부의 정신적 능력이 부처님의 가르침을 이해할

---

28   Dhp. A. III. 262.

붓다의 경제 코칭 ──
중도로 본 불교경제학

수 있을 만큼 성숙하여 깨달음을 얻을 때가 되었다는 것을 신통력으로 느끼셨다. 그래서 부처님께서는 30요자나 (약 48km) 떨어진 알라위로 아침 일찍 출발하셨다. 알라위 주민들은 부처님을 존경하였으므로 부처님께서 도착하시자 따뜻하게 영접하였다. 이윽고 공간을 마련하고 모두 모여 부처님의 가르침을 들으려고 하였다. 그러나 부처님에게는 가난한 농부 한 사람을 깨닫게 하시려는 특별한 목적이 있었다. 그래서 부처님께서는 그가 도착하도록 기다렸다.

농부는 부처님께서 오셨다는 소식을 들었다. 그는 설법을 들으러 가기로 결심하였다. 그러나 때마침 그의 소 가운데 한 마리가 사라졌다. '먼저 부처님께 가서 가르침을 듣고 나중에 소를 찾으러 갈 것인가? 아니면 소를 먼저 찾을 것인가?'라고 생각했다. 그는 우선 소를 찾기로 작정하고 숲속으로 들어갔다. 이윽고 농부는 소를 찾아 외양간으로 데려왔다.

하지만 그는 지쳐 있었다. 농부는 생각했다. '시간이 너무 흘렀으니 먼저 집으로 돌아간다면 시간이 더 걸리겠는걸. 바로 시내로 가서 부처님의 설법을 들어야겠다.' 이렇게 결심하고 그 애처로운 농부는 알라위로 출발하였다. 그러나 설법 장소에 도착했을 때 그는 매우 지치기도 하였고, 무척이나 배가 고팠다.

부처님께서는 농부의 상태를 보시고 마을의 어른에게 부탁하여 그에게 음식을 차려주게 하셨다. 농부가 음식을 배불리 먹고 기운을 차리게 한 다음에야 설법을 시작하셨다. 부처님의 가르침을 듣는 동안 농부는 깨달음의 첫 번째 단계인 예류과(預流果)를 성취하였다. 부처님께서는 알라위로 가셨던 목적을 이루셨다.

설법이 끝나자 부처님께서는 알라위 사람들에게 작별인사를 하시고 제따와나 수도원으로 다시 출발하셨다. 돌아오시는 동안에 스님들이 그날의 일에 대해 논의하기 시작했다. "오늘은 세존께서 평소답지 않으셨습니다. 저는 어째서 부처님께서 설법을 하시기 전에 마을 어른에게 부탁하여 그 농부에게 음식을 차려 주게 하셨는지 궁금합니다."

부처님께서는 스님들이 거론하는 주제를 아시고 그들에게 그 이유를 말씀하셨다. "사람들이 고통에 빠져 괴로워할 때는 경건한 가르침을 이해할 수 없다. 모든 병 가운데서 배고픔이 가장 심하다"라고 말씀하셨다.

불교는 경제가 대단히 중요하다고 생각한다. 부처님께서 설법 전에 배고픈 농부에게 음식을 먹도록 배려하신 것만으로도 이러한 점을 증명할 수 있다. 오로지 한 사람을 깨닫게 하시려고 부처님께서 48km나 걸어가신 것이 그만한 투자 가치가 있는지에 대해 경제학자들은 다르게 생각할 수도 있다.

그러나 요점은 바른 생계수단[正命]이 8정도 가운데 하나라는 것뿐만 아니라 사람들이 배가 고프면 불법도 올바르게 인식할 수 없다는 것이다. 비록 소비와 경제적인 부가 중요하기는 하지만, 그것들은 그 자체가 목적이 아니라 인간의 정신을 고양시키고 삶의 질을 향상시키는 토대이다. 그러한 토대가 갖추어져야 심오한 것을 성취할 수 있다.

그러므로 적절한 수준으로 부를 창출해야 사람들이 자기 가능성을 향상시킬 수 있는 삶, 선이 늘어나는 삶에 이른다고 불교경제학은 믿는다. 부 자체가 아니라 삶의 질 향상이 불교경제학의 목적이다.

제5장
경전에서 얻는 경제적 교훈

인용의 출전

AN.= 앙굿따라니까야(Aṅguttara Nikāya)

DN.= 디가니까야(Dīgha Nikāya)

Dhp.=법구경(담마빠다. Dhammapada)

It.= 이띠붓따까(Itivuttaka)

J.= 자따까(Jātaka)

MN.= 맛지마니까야(Majjhima Nikāya)

SN.= 쌍윳따니까야(Saṃyutta Nikāya)

Thag. = 테라가타(Theragātha)

Vin.= 율장(Vinaya Pitaka)

Vism.= 청정도론(위숫디막가. Visuddhimagga)

Comp.= Compendium of Philosophy(아비담맛타상가하.

　　　Abhidhammatthasangaha)

니까야 한글 번역은 전재성 님의 빠알리 원본 번역본을 참고하였습니다. 감사드립니다.

붓다의 경제 코칭 ──
중도로 본 불교경제학

보론

불교경제학[29]

• E. F. 슈마허

정명(正命, 올바른 직업생활)은 불교의 8정도에서 요구하는 조건 중의 하나이다. 그러므로 불교경제학이라고 불리는 그 어떤 것이 있어야 하는 것은 당연하다. 불교 국가 사람들은 그들의 전통에 충실하고자 한다고 한다. 그래서 그들은 자주 "새

---

29 이 글은 필자가 영국으로부터 미얀마 정부에 파견되어 경제정책 고문관으로서 오랫동안 미얀마에 살면서 미얀마 불교도들의 생활을 관찰한 결과를 적은 것이다. 이 글은 저자의 『작은 것이 아름답다』의 제4장에 수록되어 있고, 1973년에 영국에서 출간되었다. 50년 전에 쓰인 글이지만 자본주의적 생산-소비 양식에 의한 지구 파괴와 인간 파괴를 막기 위해서는 불교적 가치관에 의한 경제철학이 중요함을 역설하고 있다.

로운 버마(미얀마)는 종교적 가치와 경제발전 사이에 어떤 충돌도 없다. 우리에게 있어서 정신적 건전함과 물질적 안락은 서로 적대적이지 않다. 그것들은 원래 서로 돕는 관계이다", 혹은 "우리는 전통 신앙의 가치와 정신적 가치와 현대 기술문명의 혜택을 성공적으로 조화시킬 수 있다", "우리 버마인들은 우리의 꿈과 행동(이상과 현실)을 우리의 믿음에 일치시킨다는 의무를 지닌다"고 표현한다.

많은 나라들은 그들이 현대경제학에 따라 경제개발계획을 세울 수 있고, 발전된 나라들로부터 경제학자를 초청하여 자문을 받고, 그에 따라 경제정책을 수립하고, 5개년 계획 따위를 수립할 수 있다고 생각한다. 그럼에도 물질주의적 생활방식이 현대경제학을 필요로 했듯이, 따로 불교적 생활방식이 불교경제학을 필요로 한다고 생각하지는 않는 듯하다.

일반적으로 경제학자들 자신은 다른 많은 전문가들처럼 가치에 무지하기 때문에 문제가 된다. 그들은 전제조건 없는 절대적이고 불변적인 진리가 있다고 전제한다. 심지어 어떤 사람들은 경제법칙은 마치 중력의 법칙처럼 형이상학이나 가치로부터 독립적이라고까지 주장한다. 여기서 우리는 방법론 문제에까지 개입할 생각은 없다. 그러나 약간의 기본적인 문제들을 살펴보고, 현대경제학자들과 불교경제학자들의 견해가 어떻게 다른지도 살펴보도록 하자.

붓다의 경제 코칭 ──
중도로 본 불교경제학

"부의 기본적인 원천은 인간의 노동"이라는 데는 전반적으로 의견이 일치한다. 그런데 그동안 현대경제학자들은 노동을 필요악으로 취급해 왔다. 사용자의 관점에서 볼 때, 어느 경우에건 노동은 비용의 문제이고, 자동화 과정 같은 방법으로 아주 없애지는 못하더라도, 그것은 적어도 최소한으로 줄여야 할 문제이다. 그러나 노동자의 입장에서 보면, 일한다는 것은 자신의 '한가와 편안'을 희생하는 일이다. 그리고 임금이란 이러한 희생의 대가이다. 그래서 사용자의 관점에서 이상적인 형태는 노동자 없이 생산해 내는 것이고, 노동자의 입장에서 보면 취업하지 않고 소득을 얻는 것이다.

　이러한 피차의 태도는 서로 거리가 멀다. 일한다는 입장에서 이상적인 것은 일을 안 하는 것이고, 작업량을 줄이는 여러 방법이 좋은 것이다. 그리고 여기에 가장 강력한 수단은 이른바 분업이다. 이것은 아담 스미스의 『국부론』에서 핀 공장의 예로 잘 설명되어 왔다. 그런데 이것은 인간이 오래 전부터 해 왔던 일반적인 일이 아니다. 이것은 생산의 모든 과정을 아주 작은 부분으로 조각 내어 무의미한 동작들을 반복하여 최종 생산물이 빠른 속도로 생산되도록 하는 일이다.

　그러나 이와는 달리 불교적 관점에서는 노동(work)의 의미를 적어도 세 가지로 본다. 노동은 ① 인간으로 하여금 자기 능력을 활용하고 계발시킬 수 있는 기회를 준다. ② 다른 사람들과 함께 공동의 작업을 함으로써 자기중심주의를 극복할 수 있도록 해 준다. ③ 살아가는 사람들에게 필요한 재화와 용역을 공급해 준다. 그러므로 노동자에게 노동을 의미 없고, 지루하고, 신경 피곤하게 만드는 일은 거의 죄악에 가깝다. 사람보다 상품에 더 많은 관심을 갖는 일은 원초적으로 자비심의 결여이고 그것은 영혼을 파괴시키는 일이다. 즉, 일과 여가는 동일한 생활 과정에서 서로 필요한 것이며, 일하는 즐거움과 휴식의 기쁨은 서로 분리될 수 없는 것이다.

불교의 관점에서 본다면 노동에는 구별되어야 할 두 형태의 메커니즘이 있다. 하나는 인간의 기술과 힘을 증진시키는 형태의 것이고, 다른 하나는 인간의 노동이 기계와 같은 노예처럼 되는 형태이다. 그런데 그 두 가지를 어떻게 구별할 수 있을까? 아난다 쿠마라 스와미는 현대 서구와 고대 동양을 비교하면서 다음과 같이 말한다.

"장인은 항상 기계(machine)와 기구(instrument) 사이의 미묘한 차이를 구별한다. 양탄자를 짜는 베틀은 기구이고, 그것은 장인의 손에 의해서 실이 짜여져 나오는 방추를 잡는 고안품이다."

그러나 동력직기는 기계이고, 그것이 인간이 해야 할 가장 중요한 부분을 대신한다는 점에서 문화의 파괴자라는 의미를 지닌다. 따라서 불교경제학은 현대 물질주의 경제학과는 매우

붓다의 경제 코칭 ——
중도로 본 불교경제학

다르다. 불교는 문명의 본질이 재화의 수요를 늘리는 데 있지 않고, 인간성을 정화하는 데 있다고 본다. 그리고 노동이란, 인간의 존엄과 자유를 충분히 누리는 상태에서 적절히 수행되어야 하고, 그것을 행하는 자와 그 생산물에 다같이 축복을 주는 일이어야 한다. 또, 인도의 철학자이자 경제학자인 J. C. 쿠마라파는 다음과 같이 말한다.

> 만일 노동의 성격이 적절히 인정받고 적용된다면 음식이 육체에 있어서 중요함과 마찬가지로 노동도 높은 재능으로 인정받아야 한다. 그것은 인간을 양육하여 고양시키고, 그가 할 수 있는 최고의 것을 생산하도록 한다. 그것은 적절한 과정을 통하여 그의 자유의지를 향상시키고, 자신 속의 동물성을 발전적인 경로로 훈련시킨다. 노동은 인간이 자신의 가치를 충분히 발휘하고 인성을 계발시킬 수 있는 근거를 제공한다.

만일 인간이 노동할 수 있는 기회를 갖지 못한다면 그는 절망적인 상태에 이른다. 단순히 수입이 없어서가 아니라, 다른 무엇으로도 대치할 수 없는 훈련된 작업과 활력의 요소를 결여하기 때문이다. 현대 경제학자들은 작업량과 임금 등을 비교하면서 시간제 임시직이 전일제 정규직보다 얼마나 더 경제

보론
불교경제학

적인지 고도로 복잡한 계산을 수행한다. 그의 성공 기준은 단순히 주어진 시간 동안에 생산된 생산량뿐이다. 갤브레이스 교수는 '풍요한 사회'에서 "만일 상품의 추가 생산량의 필요성이 낮으면 노동현장에서 추가 인원 고용의 필요성 또한 낮아진다."고 한다. 그러면 그 결과는 실업으로 이어진다. 또, "만일 추가인원을 고용하지 않고도 기업이 유지될 수 있다면 기업은 실업자에게 그들의 생활을 유지할 수 있을 만큼의 돈을 줄 수도 있을 것이다."라고 했다.

그러나 불교의 관점에서 보면, 이것은 처음부터 진리에 반하는 것이다. 그것은 상품을 인간보다 우선시하고, 소비를 창조적 활동보다 중요하다고 생각하는 것이다. 그것은 노동자로부터 생산물로 중요성이 옮겨가는 것이다. 즉, 인간으로부터 물질로 옮겨지는 것이며, 그것은 악의 힘에 굴복하는 것이다. 불교경제학적 계획의 출발은 완전고용을 위한 계획이어야 하며, 일차적인 목표는 직업을 원하는 사람에 대한 완전고용을 의미한다. 그것은 고용의 극대화도 아니고 생산의 극대화도 아니다.

한편, 여성은 집 밖의 일을 좋아하지 않는다. 그리고 사무실이나 공장에서 여성을 대규모로 고용한다는 것은 경제적 위기로 간주된다. 특별히, 어린아이가 비뚤어지게 성장함에도 불구하고 그의 엄마를 공장에서 일하게 하는 것은 불교경제학의 눈으로 본다면 비경제적일 수 있다. 그것은 마치 숙련된 노동자를 일등병으로 고용하는 것이 비경제적인 것과 같다. 물질주의자들이 주로 상품에 관심을 갖는다면, 불교는 주로 해방, 혹은 해탈에 관심이 있다. 그러나 불교는 중도(中道)이고, 육체적인 안락에도 반대하지 않는다. 해탈을 방해하는 것은 부(富)가 아니라 부에 대한 집착이다. 또한 즐거운 일을 즐기는 것이 아니라 부에 대한 갈증이 해탈을 방해한다.

불교경제학의 요점은 단순성과 비폭력이다. 가능한 한 단순하게 생산하고 소비해야 하며, 폭력을 쓰지 않고 생산-소비해야 한다는 것이다. 경제학자의 관점에서 보면, 불교적 생활 방식의 놀라움은 그 합리성에 있다. 즉, 최소한의 수단으로 특별히 만족스러운 결과를 얻는 일이다. 그런데 현대경제학에서 보면, 이것은 매우 이해하기 힘들다.

경제학자는 사람들이 얼마나 많이 소비하느냐를 가지고 생활 수준을 따진다. 더욱 많이 소비하는 자가 적게 소비하는 자보다 더 잘 산다고 본다. 그러나 불교경제학에서는 이러한 접근법은 매우 불합리하다고 본다. 왜냐하면 소비란 단순히 잘살기 위한 수단이지만, 경제적 목표는 최소한의 소비로 최대한의 안락을 얻어야 하기 때문이다.

그래서, 만일 의복의 목적이 일정한 체온을 유지해 주고, 외모를 좋게 해 주는 것이라면, 우리가 해야 할 일은 가장 적은

보론
불교경제학

노력으로 이러한 목표를 달성하는 것이다. 다시 말해서 의복의 소비를 가능한 한 줄여야 하고, 적은 노력이 들어가도록 설계해야 하는 것이다. 예를 들어 옷감을 적게 들여 재단을 적게 하고도 요령 있게 옷을 입어서 더 아름다울 수 있음에도 불구하고 서구의 의복처럼 복잡한 재단을 요한다면 그것은 매우 비경제적이라고 해야 할 것이다. 옷을 빨리 닳아 없어지게 만들고 보기에도 끔찍하게 만든다면 그것은 참으로 멍청한 짓이라고 할 수 있다. 의복에 관한 이러한 진술은 인간이 사용하는 다른 모든 물품에도 적용된다.

상품을 소유하고 소비하는 것은 목적 달성의 과정이다. 그런데 불교경제학이란 어떻게 주어진 목적을 최소한의 수단으로 달성하느냐에 관한 체계적인 연구이다. 반면에 현대경제학은 모든 경제 행위의 목적이 소비라고 간주한다. 전자는 간단히 말해서, 생산요소, 즉 토지·노동·자본을 수단으로 해서, 생산에 들이는 노력을 적절히 조절해서 인간의 만족을 극대화하는 것이다. 그러나 오히려 소비의 적정화를 통해서 생활을 유지하는 노력은 최대한의 소비를 유지하는 데 드는 노력보다 훨씬 적다. 그리고 그 결과는 생활의 압력과 긴장이 놀라울 정도로 훨씬 줄어든다는 것이다.

간단성과 비폭력은 확실히 서로 가깝게 연관되어 있다. 소비를 적절히 하는 일, 상대적으로 적은 소비를 하면서도 높은 정도의 만족을 얻는 것은 사람들을 큰 긴장과 압력 없이 살면서 "나쁜 일을 하지 말고, 착한 일을 하라"는 불교의 일차적 가르침에 합당하도록 해 준다. 물질적 자원은 한정되어 있기 때문에 자원의 적절한 이용을 통하여 자신의 필요를 만족시키는 사람은 서로에게 거의 해로움을 주지 않는다. 마찬가지로 고도로 자족적인 지역사회에 사는 사람은 '세계 체제'적인 교역에 종사하는 사람보다 대규모의 폭력에 덜 관계될 것이다.

불교경제학의 관점에서 본다면 지역자원을 생산하여 지역에서 사용한다면 가장 합리적인 경제생활이 될 것이다. 반면에 머나먼 지역으로부터의 수입에 의존하고, 미지의 먼 나라에 사는 사람들에게 수출하기 위한 생산에 의존한다면 그것은 매우 비경제적인 일이 될 것이고. 혹은 매우 예외적이거나 극히 작은 규모로만 인정받을 수 있을 것이다.

현대 경제학자도 개인의 가정에서부터 작업장 사이의 거리에 따른 높은 운송비용은 불행이고, 삶의 질을 떨어뜨리는 것임을 인정한다. 마찬가지로 불교경제학은 가까이 있는 자원에서가 아니라 멀리 떨어진 자원에서부터 인간을 만족시키는 일은 실패를 의미한다. 이 일은 개개인의 운송비용의 상승을 뜻하는데, 불교경제학으로 본다면 그 계산은 소비 형태 중 매우 바람직하지 못한 것이다.

현대경제학과 불교경제학의 또다른 뚜렷한 차이는 천연

보론
불교경제학

자원의 사용에서 나타난다. 베르드랑 드 쥬브넬(Bertrand de Juvenal)은 유명한 프랑스의 정치철학자인데, 현대 경제학자의 공정한 모습으로 '서양인'을 묘사하였다,

> 그는(서양인은) 매사를 인간의 노력으로 계산하지 않고, 지출비용으로만 계산한다. 그는 그가 얼마나 많이 지구자원을 사용하는지에 대해서는 신경쓰지 않는 듯하고, 더욱이 그가 얼마나 많이 생명체를 파괴하는지에 대해서도 신경쓰지 않는 듯하다. 그는 인간의 생명이 많은 다른 형태의 생명체가 만드는 생태계에 의존해 있다는 점에 대해서는 전혀 깨닫지 못하고 있는 듯하다.
> 인간은 다른 어떤 생명체들과 단절되어 있는 '도시'라는 것으로부터 지배받고 있기 때문에 자신들이 생태계에 소속되어 있다는 느낌이 들지 않는다. 이러한 생각이 우리가 궁극적으로 의존하고 있는 것들-물이나 나무들-을 함부로 거칠게 다루도록 만든다.

반면에, 불교의 가르침은 모든 살아 있는 것들에게뿐만 아니라 나무에게까지도 비폭력의 태도와 공경하는 태도를 요구한다. 모든 불교도들은 몇 년에 한 번씩은 나무를 심어야 하고, 그것이 잘 자랄 수 있을 때까지 돌봐주어야 한다. 그리고

불교경제학은 이 규칙을 잘 준수하는 것이 어떤 종류의 외국 원조보다도 높은 경제적 발전을 초래한다는 것을 잘 보여준 다. 동남아시아의 경제적 붕괴의 대부분은 수목 관리를 제멋 대로 했기 때문임은 의심의 여지가 없다.

현대경제학은 또 재사용할 수 있는 물질과 그렇지 않은 물 질을 구분하지 않는다. 그 방법은 모든 것을 가격이라는 방법 으로만 계량화하고 평가한다. 그래서 석탄이나 석유, 목재, 수 력 등 여러 가지 대체연료를 사용한다. 여기에서 현대 경제학 자들에게 유일한 차이는 비용일 뿐이다. 그들에게는 가장 비 용이 적게 드는 것만 자동적으로 선택될 뿐이고, 다른 것에 대한 선택은 불합리하고 비경제적이라고만 간주될 뿐이다.

그러나 불교경제학의 관점에서 본다면 절대 그렇지 않다. 연탄이나 석유와 같은 재생 불가능한 연료와 물이나 목재와 같은 재생 가능한 연료 사이의 본질적인 차이는 가볍게 취급 할 일이 아니다. 재생 불가능한 재화는 단지 그밖에 다른 방법 이 없을 때만 사용되어야 한다. 그리고 그 보존에 깊은 관심이 주어져야 한다. 부주의하게 함부로 재생 불가능한 재화를 사 용하는 일은 폭력이며, 재생 불가능한 것은 이 지구상에서 더 이상 얻을 수 없기에 이 모든 것에 대해 비폭력을 사용하여야 한다는 요청은 더 이상 피할 수 있는 일이 아니다.

만일 유럽의 귀한 예술품들이 모두 좋은 값에 미국으로 팔

려간다고 해도 유럽 경제학자들이 그것을 경제적으로 굉장히 성공했다고 좋아하지는 않는다. 마찬가지로 불교경제학은 재생 불가능한 연료를 기반으로 하고, 소득보다는 자본을 기반으로 경제생활을 하고 있는 사람들을 기생충이라고 주장할 수 있다. 그러한 생활방식은 지속될 수 없고 잠정적인 지출로만 연명될 수 있을 뿐이기 때문이다. 재생 불가능한 지구자원-석탄, 석유, 천연가스 등-은 지구 한편에 편재되어 있고, 그 양이 제한되어 있기 때문에 소비가 늘어날수록 자연에 대해서는 폭력이고, 그것은 결국 필연적으로 인간에 대해서 폭력을 초래할 게 확실하다.

이러한 사실은 불교국에서도 전통적 가치를 걱정하지만 동시에 빠른 속도로 성장하는 현대경제학의 물질주의를 열심히 받아들이고자 하는 사람들에게까지 생각해야 할 일들을 제공한다. 그들이 불교경제학을 구시대의 꿈 정도라고 흘려버리기 전에 그들은 현대경제학이 제시하는 경제적 발전의 길이 그들이 진정으로 원하는 곳으로 이끌지를 생각해 보아야 할 것이다. 캘리포니아 공과대학(CIT)의 해리슨 브라운 교수는 『인간 미래의 도전』이라는 야심찬 책의 끝부분에서 다음과 같은 평가를 내어 놓는다.

산업사회는 근본적으로 불안정하고, 결국은 농업사회로

회귀해야 하기 때문에 그 속에서 개인의 자유를 허용하는 조건은 안정적이지 못하다. 왜냐하면 산업사회는 경직된 조직과 전체주의적 통제를 피할 능력이 없기 때문이다. 산업문명의 생존을 위협하는 예상할 수 있는 여러 가지 어려움을 검토해 보면 그 안정성을 확보하고 개인의 자유를 유지할 수 있는 방법을 찾기란 결코 쉽지 않다.

비록 이것은 장기간에 걸친 예상이라고 무시한다고 해도, (그리고 결국에는 케인즈 말대로 우리 모두 죽겠지만) 이것은 종교적이나 정신적인 가치를 고려하지 않고 행사되는 지금의 근대화가 실제로 얼마나 성과를 이룰 수 있을까라는 문제이다. 지금과 같은 근대화는 결국 농촌경제를 붕괴시키고, 도시와 마을에서 실업률을 증가시킨다. 그리고 육체와 영혼 모두 다 영양결핍인 도시빈민을 양산하는 것이다.

즉각적인 경험과 장기적인 전망을 통해 본다면, 불교경제학은 오히려 경제성장이 다른 어느 정신적 가치보다 더 중요하다고 믿는 사람에게까지도 권장해야 한다. 왜냐하면 현대적 성장(growth)과 전통적인 지연(retardation)은 선택의 문제가 아니기 때문이다. 그것은 올바른 개발의 길을 어떻게 찾아내느냐의 문제이고, 제멋대로인 물질주의와 요지부동인 전통주의 사이에서 가능한 중도(中道, Middle Way)를 찾는 문제, 즉 간단

보론
불교경제학

히 말해서 올바른 직업생활, 정명(正命, Right Livelihood)을 찾는 문제이기 때문이다.

이것이 가능하다는 것은 의심할 여지가 없다. 그러나 그것을 실천하기에는 발달된 나라에서 벌어지고 있는 물질주의라는 눈먼 흉내내기보다는 훨씬 많은 것을 요구한다. 무엇보다도 그 것은 기술개발에서 의도적이고 체계적인 중도의 개발을 요구 한다. 그것은 바로 중간 차원의 기술이다. 그 기술은 고대 아시 아의 소멸된 기술보다 더욱 생산적이고 강력하며, 동시에 현대 서구의 노동절약적 기술보다 비폭력적이고, 훨씬 값싸고 간단 한 것이다.

붓다의 경제 코칭 ——
중도로 본 불교경제학

오늘날 사회는 인류 역사상 더할 수 없는 풍요를 누리고 있습니다. 발달된 과학과 물질문명, 그리고 생산력의 발달이 그것을 가능케 했습니다. 그러나 이러한 풍요 속에서 사람들의 고통은 늘어가고 있습니다. 자살이 늘어가고, 양극화 속에서 대중은 가난의 노예가 되어 고된 노동에 종사하고 있습니다. 그리고 한편으로 인류는 생태 위기로 인한 지구 파괴, 인류문명의 멸망을 걱정하는 지경에까지 이르렀습니다.

불교는 이러한 문제와 관련이 없을까요? 인간 생활에서 매우 중요한 문제인 경제 문제를 도외시하고, 인간을 고통으로 몰아놓는 경제 문제를 도외시하고, 지구와 인류문명의 멸망을 초래하는 생태 문제를 도외시하고 불교를 말할 수 있을까요?

파유토 스님이 제시하는 불교경제학은 오늘날 이러한 전 지구적 문제에 대한 불교적 해답을 제시합니다. 스님의 말씀은 무엇보다도 불교적 가르침을 통해 비로소 지구를 구할 수 있으며, 불교의 가르침으로 제어되지 않는 물질적 욕망을 제어함으로써 자신의 정신적·물질적 안락을 구할 수 있음을 제시하고 있습니다.

오늘날 전 지구적 경제 문제는 분별 없는 물질적 욕망과 소비에 기인합니다. 그러므로 이를 해결하기 위해서는 물질의 생산과 소비의 분별과 절제가 필요하고, 바로 그것이 부처님 가르침의 핵심입니다. 물질적 소유와 소비라는 억제되지 않는 갈망과 갈애는 불교적으로 다스려져야만 합니다. 부처님께서 가르치신 소욕지족의 원리가 개인과 사회와 생태환경을 구출할 수 있는 방법으로 주목받고 있습니다. 부처님의 가르침이 탐욕스런 자본의 폭주를 막을 수 있습니다. 파유토 스님은 이 책에서 그러한 원리를 누구라도 알기 쉽게 일목요연하게 설명해 주고 있습니다.

세상에 대장경은 많습니다. 그러나 불교가 오늘을 살아가는 중생의 고통을 직접적으로 덜어주어야 함에도 불구하고, 중생들의 하루하루 생활과 직결되는 경제 문제를 다룬 책은 안타

붓다의 경제 코칭 ──
중도로 본 불교경제학

깝게도 많지 않습니다. 그러므로 앞으로 많은 불자들이 경제 문제에 관심을 가지고 불교적 해법을 활용해야 할 것입니다. 불교경제학은 대중과 함께 호흡하여야 하고, 활용되어야 합니다.

이 책은 불교대학에서 불교경제학 강의 교재로 쓰이는 것입니다. 비록 분량은 작지만 불교경제학의 맥락을 누구나 알기 쉽게 설명하고 있습니다. 불교경제학 자료가 거의 없는 우리나라 현실에서 이 작은 책이나마 불교경제학을 이해하는 데 약간의 도움이 된다면 다행이겠습니다.

이 책은 담마위자야(Dhammavijaya) 스님과 부르스 에반스(Bruce Evans)가 번역한 영어본을 기초로 번역했습니다. 초역은 1~3장과 슈마허를 김광수가 담당하고, 4~5장을 운산 스님이 담당하였습니다. 독일 함부르크 대학에 유학하여 열심히 불교를 공부하고 계시는 운산 스님께 감사드리고, 연구생활에 큰 성취가 있으시기를 기원합니다.

2019년 가을
• 김광수 합장

옮긴이
후기

붓다의 경제 코칭

중도로 본 불교경제학

초판 1쇄 인쇄 | 2019년 10월 25일
초판 1쇄 발행 | 2019년 11월 1일

저자 | 프라유드 파유토
역자 | 김광수, 추인호(운산 스님)

펴낸이 | 윤재승
펴낸곳 | 민족사

주간 | 사기순
기획편집팀 | 사기순, 최윤영
영업관리팀 | 김세정

출판등록 | 1980년 5월 9일 제1-149호
주소 | 서울 종로구 삼봉로 81 두산위브파빌리온 1131호
전화 | 02)732-2403, 2404 팩스 | 02)739-7565
홈페이지 | www.minjoksa.org
페이스북 | www.facebook.com/minjoksa
이메일 | minjoksabook@naver.com

ⓒ 김광수, 추인호 2019

ISBN 979-11-89269-40-1   03220